くらべる日本
東西南北

おかべたかし・文

山出高士・写真

東京書籍

本書は、日本全国の文化や風俗の地域ごとの違いを紹介した本です。「芋煮」、「城」、「みたらし団子」など、31の項目で異なる２つの地域のものを撮影し、その違いが一目でわかるように、両者の写真を並べて見せています。

比較した地域は、「東京都と大阪府」といった都道府県単位が中心となります。ただ「日野町と鴻巣市」といった市町の単位や、「宇和島市と松山市」といった同じ県内での対比もあります。さらに、「関東と関西」といったより広範囲のもの、あるいは「全国と北海道」といった全国と特定の地域を対象としたものもあります。また複数の地域にまたがる場合に、ある地域に代表させた場合があります。

各項目での配置は、両者のうち西側にある地域を向かって左側のページに、東側にある地域を向かって右側のページに置いています。大阪府と東京都ならば、大阪府が左ページ、東京都が右ページというわけです。なお、全国と特定地域を比較する場合は、全国を左ページ、特定地域を右ページとしています。なお、各ページに配置されている日本列島の図は、比較してある地域の所在地を示すもので、日本全図ではないことをご了承ください。

各項目は五十音順に並んでいます。前から順に読む必要はありませんので、パラパラとめくって気になったところからご覧ください。

また本書のメインとなる項目以外に、コラムでも日本各地の様々な文化の違いに触れています。

文はおかべたかしが主に担当し、写真は山出高士が主に担当しました。写真は基本的にこの本のために撮り下ろしたものです。借り物の写真を使わず、あえて自ら撮影している姿勢も、コラムなどを通じて楽しんでもらえたらと思います。

なお、日本全国、地域ごとの文化・習慣・風俗の違いには、様々な説や解釈、例外が存在します。また、時代の変遷、世代によっても変化しうるものです。そのすべてに言及することは難しく、また本のコンセプトも変わってきますので、そのなかから著者の判断でひとつに絞って紹介していることをお断りしておきます。

本書で紹介した様々な違いは、各地域の人々によって受け継がれてきた素晴らしい文化であり、それ自体に価値があると考えます。この本がひとつの契機になり、日本の地域と文化の多様性に興味をもつ人が少しでも増えることになれば著者として大変嬉しく思います。

――― おかべたかし

Part.2

さ行　た行

Part.3 な行　は行　ま行　や行　わ行

日本コラム

やってみたコラム

デザイン／サトウミユキ（keekuu design labo） 表紙＆本文写真／山出高士

Part. ①

あ行

か行

イカの塩辛

富山県

神奈川県

黒いのが「富山県のイカの塩辛」

赤いのが「神奈川県のイカの塩辛」

イカの「塩辛」は、大きく分けると３つの作り方がある。「白造り」と呼ばれる方法は、皮を取り除いたイカの身と塩だけで発酵させたもの。見た目は刺身に近く、宮城県の気仙沼市などの名物とされている。「赤造り」と呼ばれる方法は、イカの身に肝を加えてこれに塩を加えて発酵させたもの。もっとも一般的な塩辛で、神奈川県の小田原市の名物として知られている。そして「黒造り」と呼ばれるのが、「赤造り」にイカ墨を加えたもので、富山県の名物として名高い。黒い見た目と、墨が歯に付くからと敬遠する人もいるが、イカ墨が生臭さを消すため、味はとてもまろやかで、もっとも食べやすいという人も少なくない。なお、近年、見た目が黒い「富山ブラック」というラーメンが人気だが、こちらは醤油と黒胡椒による黒さで、イカ墨が入っているわけではない。

いろいろな塩辛が楽しめる BAR「shiokara」

撮影にご協力いただいたのは、東京都中央区銀座にあるBAR「shiokara」。20種類の塩辛をはじめ日本各地の珍味が楽しめるお店で、肴に合わせて日本酒だけでなく焼酎やワインなど様々なお酒を選んでくれる。今回、「神奈川県の塩辛」に合わせてくださったお酒は宮城県石巻市の純米酒「墨廼江《すみのえ》」。一方、「富山県の塩辛」に合わせてくださったのは秋田県山本郡八峰町の「山本」。辛口のお酒に赤造り、少し甘口のお酒に黒造りというセレクトが絶妙でした。黒造りのまろやかさ、癖になります。

多様性という豊かさ

～ ある日突然「すあま」に夢中 ～

「みたらし団子」の取材にいった東京都八王子市の「伊勢屋本店」のショーケースで「すあま」というお菓子を見つけました。前から名前は知っていたのですが、実際に見るのは初めて。関東ではポピュラーなお菓子のようですが、関西出身の私にとっては、まったく馴染みがありません。

「すあま」はその名前から「甘いお菓子」だと思っていたのですが、食べてみるとこれがさほど甘くない。中には何も入ってなくてモチモチしている。「ういろうに似ているでしょ」といわれると、たしかにそんな感じ。このモチモチが心地よく、なんだかとても美味しいのです。

　この体験から「ういろう」にも興味が出てきました。「ういろう」は、子どもの頃に数度、食べた経験はありますが、それほど美味しいと思った記憶はありません。しかし、これほど「すあま」が好きなら、大人になった今や「ういろう」も好きなはず。そこで「ういろう」を買いにいこうと調べると、山口県の名物でもあるということを知りました。「ういろう」といえば名古屋名物として広く知られていますが、こちらが米粉を使って作られているのに対して、山口のういろうは、わらび粉や葛粉を用いているのが特徴。このため山口ういろうは、名古屋のものより柔らかいのだとか。そこでさっそくアンテナショップに赴き、両者のういろうを購入して食べると、どちらも実に

クイズ・①と②どちらが「かまぼこ」でしょうか？　答えは②。愛媛県の南予地方の特産品「削りかまぼこ」です。①は「すあま」です。関西の人には「かまぼこにしか見えない」と言うそうですが、たしかにそうですね（笑）。

好み。これからは、東京での「すあま」のように、名古屋と山口の「ういろう」も贔屓にしていこうと思うのでした。

本書では、いくつか和菓子の取材をしましたが、そのたびにこのような多様性に驚かされました。各地域で愛されている独自の和菓子というのが、本当にたくさんあるのです。

本書の「いがまんじゅう」の取材に伺った滋賀県日野町の「かぎや菓子舗」のご主人は「まんじゅうの皮に砂糖を入れるともっと日持ちするけど、味が変わるからね」と、おっしゃっていました。昔ながらの製法にこだわるゆえ、日持ちはしないし、販路も限られる。しかし、昔ながらの味を守りたいから、あえて変えることはしない。

こんなご主人とお話をしていると、改めて「伝統とは意志である」（＊）ということばを思い出します。今も残る伝統とは、その時代の人々が残したかったものなのだ、と。

こういった「意志」によって各地に様々な和菓子が残っている。この多様性という豊かさが「和菓子」という世界を、より一層、魅力的にしていることは間違いありません。大量生産、大量消費の時代が生み出す「画一性」は、その分野、その世界の魅力を損なってしまうのではないでしょうか。多様性という豊かさが、あらゆる分野で残り続けてくれることを切に願うのでした。

（＊）「伝統とは意志である」とは、『くらべる東西』でも紹介した『残したい日本の美201』（田中優子・監修／長崎出版）の冒頭部に記されていたことばです。

いがまんじゅう

日野町

鴻巣市
埼玉県

赤飯でまんじゅうを包んだのが「鴻巣市のいがまんじゅう」

カラフルなもち米を乗せたのが「日野町のいがまんじゅう」

同じ「いがまんじゅう」という名前でありながら、滋賀県蒲生《がもう》郡日野町と埼玉県鴻巣《こうのす》市とでは、まったく形の異なったものが食べられている。日野町の「いがまんじゅう」は、まんじゅうの上に色とりどりのもち米を乗せて蒸したもので、この蒸されたもち米が立つ姿が栗のイガに似ていることからこう名付けられた。紅白のもち米で作られたものはお祝いに、黄色のもち米で作られたものは仏事に用いられる。一方、埼玉県鴻巣市の「いがまんじゅう」は、まんじゅうを赤飯でくるんで蒸したもので、赤飯の小豆が栗のイガのように見えることから名付けられた。同地では古くから、稲刈りの季節に各家庭で作られてきたという。

ともに、「いがまんじゅう」を作る「かぎや菓子舗」と「木村屋製菓舗」

「日野町のいがまんじゅう」の撮影にご協力いただいたのは、同町の「かぎや菓子舗」。皮に砂糖を用いない「いがまんじゅう」は日持ちがせず、同店のみの販売ゆえ遠方からも多くのお客さんが足を運んでおられました。「鴻巣市のいがまんじゅう」の撮影にご協力いただいたのは、同市の「木村屋製菓舗」。明治38年創業の老舗の和菓子店で、いがまんじゅうの中に栗を入れた商品「いが栗まんじゅう」も、このお店の発案によるものです。

山出高士の

いがまんじゅうの謎について考えてみた

「いがまんじゅう」との出会いは数年前、旅行雑誌の企画で埼玉県鴻巣市内の５店舗をまわって買い集めて、撮り下ろしたことに遡る。赤飯をたっぷりまとったまんじゅうはインパクト大で、撮影後に編集者とともにすべてを平らげたヘビーな経験とともに、その名は我が記憶にガッツリと刻み込まれた。

　半年後、別の仕事で訪れた愛知県幸田町、駅近くの和菓子店で「いがまんじゅう有ります」の貼り紙を見つけ、我が目を疑った。「こんなところにもヤツがいるのか!?」。店先を覗くと、鴻巣のものとは違って黄色、緑、ピンクの米粒をまとった小ぶりの饅頭が並んでいた、聞けばひな祭りの時期だけ作るという。

　この出会いからずっと「同じ名前なのに、なぜまったく形が異なるのだろう」と気になって仕

愛知県幸田町で売られていた「いが饅頭」1 個 130 円。中身はつぶ餡。2011 年撮影。

方なかった。今回、もうひとつの「いがまんじゅう」を見るべく滋賀県の日野町にも取材に行ったわけだが、こちらも赤と白、そして黄色のカラフルなお米があしらわれていることから、愛知県のものに近い。

実は、全国には「いがまんじゅう」に似たお菓子がたくさんある。広島県呉市の「いが餅」は、秋の亀山神社のお祭りの際に販売されるもので、赤や白、緑の米がちりばめられている。金沢市の近江町市場で見かけた「いがら万頭」は、黄色い米でくるまれていた。

その他、山形県山形市の蔵王には黄色いもち米を乗せた「稲《い》花《が》餅《もち》」がある。また山口県岩国市にも「いが餅」があり、これもカラフルなもち米が乗っている。

三重県津市の「けいらん」は、名前こそ似てい

金沢の台所「近江町市場」で売られていた「いがら万頭」1個120円。中身はこしあん。

日野町の「いがまんじゅう」は、折り詰めにされると一層美しい。

ないが、赤と黄色のもち米が乗っていて、形は日野町の「いがまんじゅう」に似ている。

愛媛県松山市の「りんまん」も名前は異なるが、ひとつの餅に赤、黄、緑のもち米が乗っている。こちらはひな祭りのシーズンだけ販売されるという。このひな祭りのシーズン限定というのは、愛知県幸田町で見た「いがまんじゅう」と同じだ。岡崎市を中心とした三河地域で食べられるのは、もち米の色も「りんまん」と同じ赤、黄、緑。「赤は魔除け、黄は豊作、緑は生命力」の意味を持っているなどといわれているが「りんまん」がひとつの餅に３色のもち米が乗っているのに対して、三河地域の「いがまんじゅう」は、ひとつの餅には１色のもち米という違いがある。

こうして見ていくと、全国の「いがまんじゅう」「いがもち」は、そのほとんどがカラフルな

日本全国「いがまんじゅう」マップ

「いがまんじゅう」と名前が同じ、あるいは形状が似ているものが根付いている主だった地域。

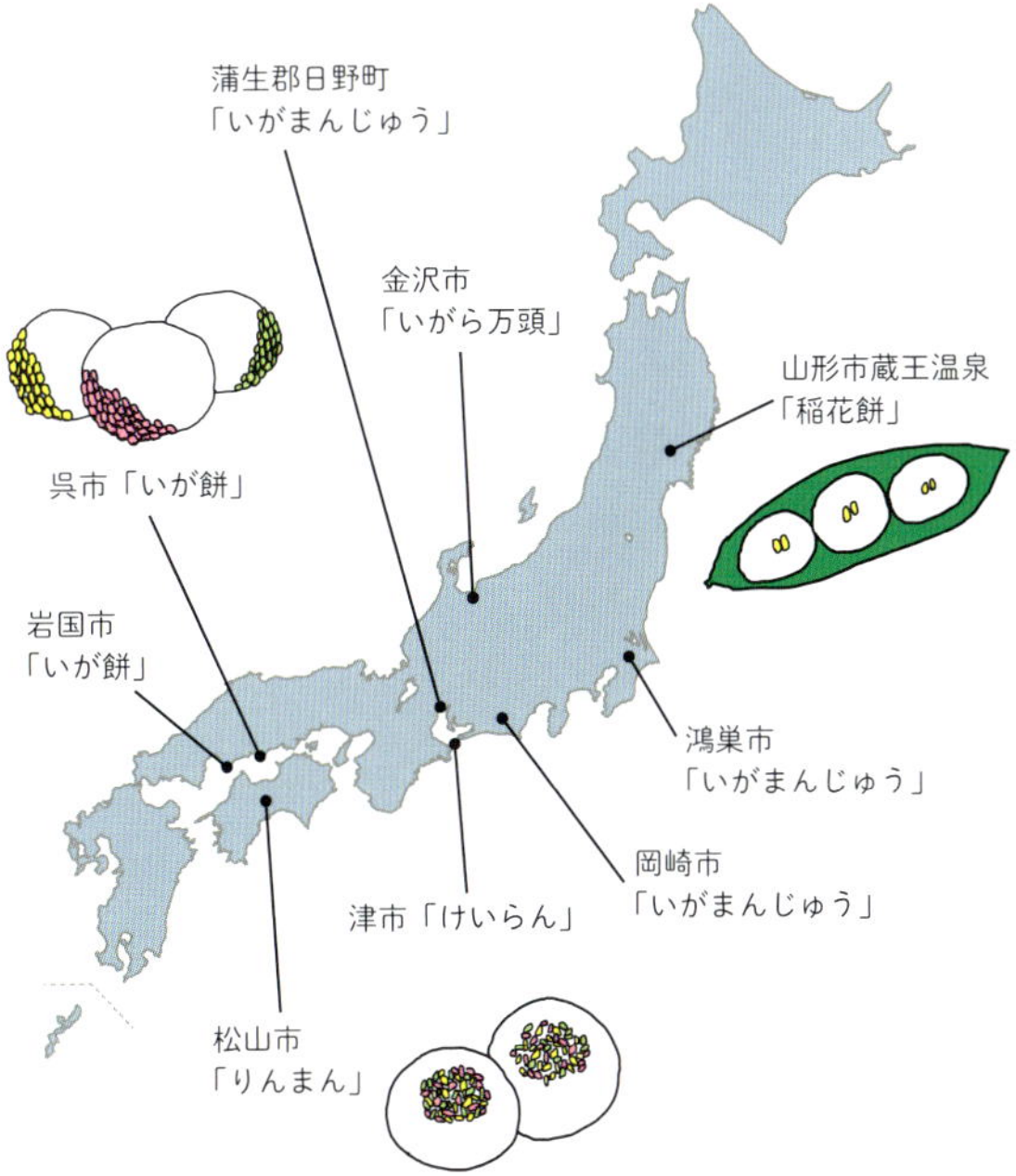

米を使ったもので、赤飯で包んで作り上げる鴻巣市のものだけが、例外のようだ。おそらく鴻巣の「いがまんじゅう」以外のものは、源流が同じなのではないだろうか。

「色鮮やかなおまんじゅうだから、神様のお供えものだったんじゃないかな」と推測するのは日野町の「かぎや菓子舗」のご主人。これも鴻巣市の「いがまんじゅう」が、各家庭で作られていた庶民的なものであることと異なっている。

　どちらもまんじゅうの周りの米粒の形状が「いがぐり」を連想させることから名付けられたと考えられるが、名前が同じになったのはおそらく偶然なのではないだろうか。でも、せっかく名前が同じなのだから、これから交流が盛んになればいいなと思うのだ。

犬

和歌山県

山梨県

白毛が「和歌山県の犬」

虎毛が「山梨県の犬」

「和歌山県の犬」として紹介しているのは、和歌山、三重、奈良を含む紀伊半島の山岳地帯で飼われていた「紀《き》州《しゅう》犬《いぬ》」。かつては猟犬として活躍していたという歴史を持ち、飼い主にとても忠実な性格。ほとんどが白い毛色で、顔がりりしいのが特徴である。一方「山梨県の犬」として紹介しているのが、同県の山岳地帯で飼われていた「甲《か》斐《い》犬《けん》」。立ち耳でしっかりとした体躯で、虎毛が特徴的。この虎毛は、狩りを行う山野では保護色になるという。なお、この「紀州犬」と「甲斐犬」など、古くから日本に住んでいる6種の日本犬が、国の天然記念物に指定されている。

国の天然記念物に指定されている6犬種

柴犬

四国犬

撮影にご協力いただいたのは、公益社団法人日本犬保存会東京支部。今回は、同会が主催する平成30年度春季東京支部展覧会にお邪魔して撮影してきました。天然記念物の6犬種のうち、前ページで紹介した「紀州犬」「甲斐犬」のほか、写真左の「柴犬」と写真右のオオカミのような風貌の「四国犬」にも出会うことができました（残りの2種は「秋田犬」と「北海道犬」）。かわいらしくもりりしい日本犬の姿は、どれも実に美しかったです。

芋煮

山形市

仙台市

牛肉を使った醤油仕立てが「山形市の芋煮」

豚肉を使った味噌仕立てが「仙台市の芋煮」

「芋煮」とは里芋と肉などの具材を一緒に煮る料理で、東北一帯では秋になると河原でこの芋煮を作る「芋煮会」が盛んに行われる。このレシピは地域により異なっており、山形県の内陸部にあたる山形市では牛肉を使った醤油仕立てのものが作られる。一方、同じ山形県でも日本海に面した庄内地方や宮城県の仙台市などでは、豚肉を使った味噌仕立ての芋煮が一般的。両者の間では、自分たちの芋煮のほうが美味しいという主張がみられ、インターネット上では「芋煮戦争」と題して様々な意見が交わされている。なお岩手県などでは、鶏肉を使った芋煮も作られている。

芋煮の聖地「馬見ヶ崎川の河川敷」

今回撮影に赴いたのは、山形県山形市にある馬見ヶ崎川河川敷。こちらは毎年9月に「日本一の芋煮会フェスティバル」が開かれる芋煮の聖地ともいうべき場所で、こちらで山形に住むお友達のご協力のもと、山形芋煮と仙台芋煮を作ってみんなで食べました。当然、山形の人は「やっぱ牛肉のほうが美味しいでしょ」となるのですが、豚肉も優しい味わいでどちらも美味しかったですよ。秋の河原、温かい芋煮を食べながら飲んだビールは格別。個人的に花粉症を患ってから春の花見を回避しているので、この秋の芋煮文化、ぜひ全国的に広まって欲しいと思いました。

カゴ

別府市

山形市

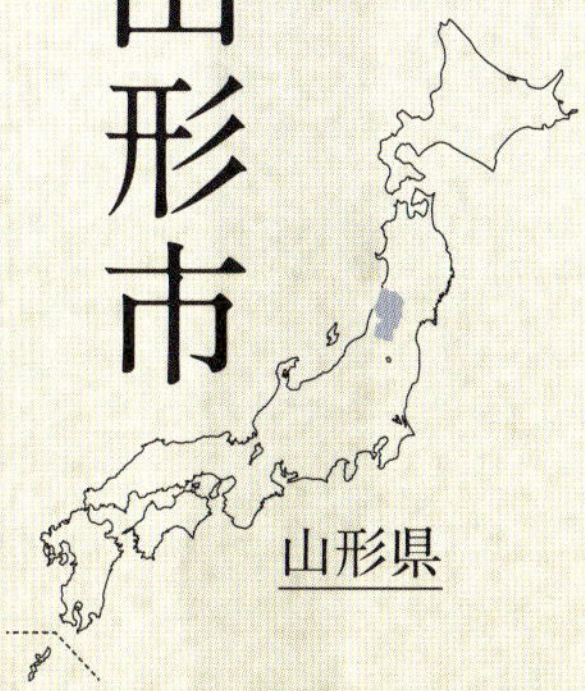

竹で作ったのが「別府市のカゴ」

日本のカゴは、竹が取れる場所の北限から、その形を変えるという。東北より南の広い範囲でカゴの主たる材料となっているのが竹。この竹を用いたカゴ作りが盛んな場所のひとつが、大分県の別府市である。日本一の温泉地と知られる別府では、古くより各地から湯治客が集まり、土産品としての竹細工の需要も増加しカゴ作りが盛んになったという。東北、山形のカゴとして紹介しているのは山ぶどうの樹皮を用いたもの。竹が育たない寒冷地では、とても強靭な素材の山ぶどうがカゴ作りの際に重用されてきた。山ぶどうは、車を引っ張れるほど強く、加工に手間がかかるが、使うほどに馴染んで柔らかくなる。

山ぶどうで作ったのが「山形市のカゴ」

世界中のカゴが揃う「カゴアミドリ」

撮影にご協力いただいたのは東京都国立市にあるカゴの専門店「カゴアミドリ」。カゴは、国や地域、文化によって様々な素材や技法、デザインで作られているとても奥深いもの。そんなカゴの魅力が存分に味わえる貴重なお店です。猫の寝床に使う稲わらで作った長野県の「猫つぐら」や、豆腐を運ぶために真竹で作られた鹿児島県の「おかべかご」など、機能だけでなく見た目も素晴らしいカゴがたくさん。ぜひ足をお運びください。

火事のお守り

沖縄県

東京都

水字貝が「沖縄県の火事のお守り」

火除け凧が「東京都の火事のお守り」

古来より、どの土地でも火事は恐れられてきたため、各地に様々な形の火事のお守りがある。沖縄県で伝えられているのが「水字貝《すいじがい》」。その形が「水」という字に似ていることがその名前の由来で、火除けだけでなく魔除けや水難除けのお守りとして、玄関などに飾られている。ちなみに食用にもなるという。一方、東京で火事のお守りとされるのが「火除け凧」。凧は、大火を招く「風」を切って揚がることから、江戸時代、王子稲荷神社（東京都北区）の奴《やっこ》凧を「火防《ひぶせ》の凧」として人々がもらい受けたのが始まりとされている。現在でも、毎年２月の初午《はつうま》の日には「凧市」が開催されて、この火防の凧を求める人で賑わう。

シャチホコも火除けのため

城の天守や櫓の上には対のシャチホコをよく見かけるが、これも火除けのため。シャチホコとは、頭が虎、体が魚の想像上の生き物で、建物が火事になると口から水を出して消し止めると伝えられている。また、飛び立つときにオシッコをすることからセミも火除けのお守りと考えられており、柱などに銅などで作ったセミを付けることがある。

鎌

西日本

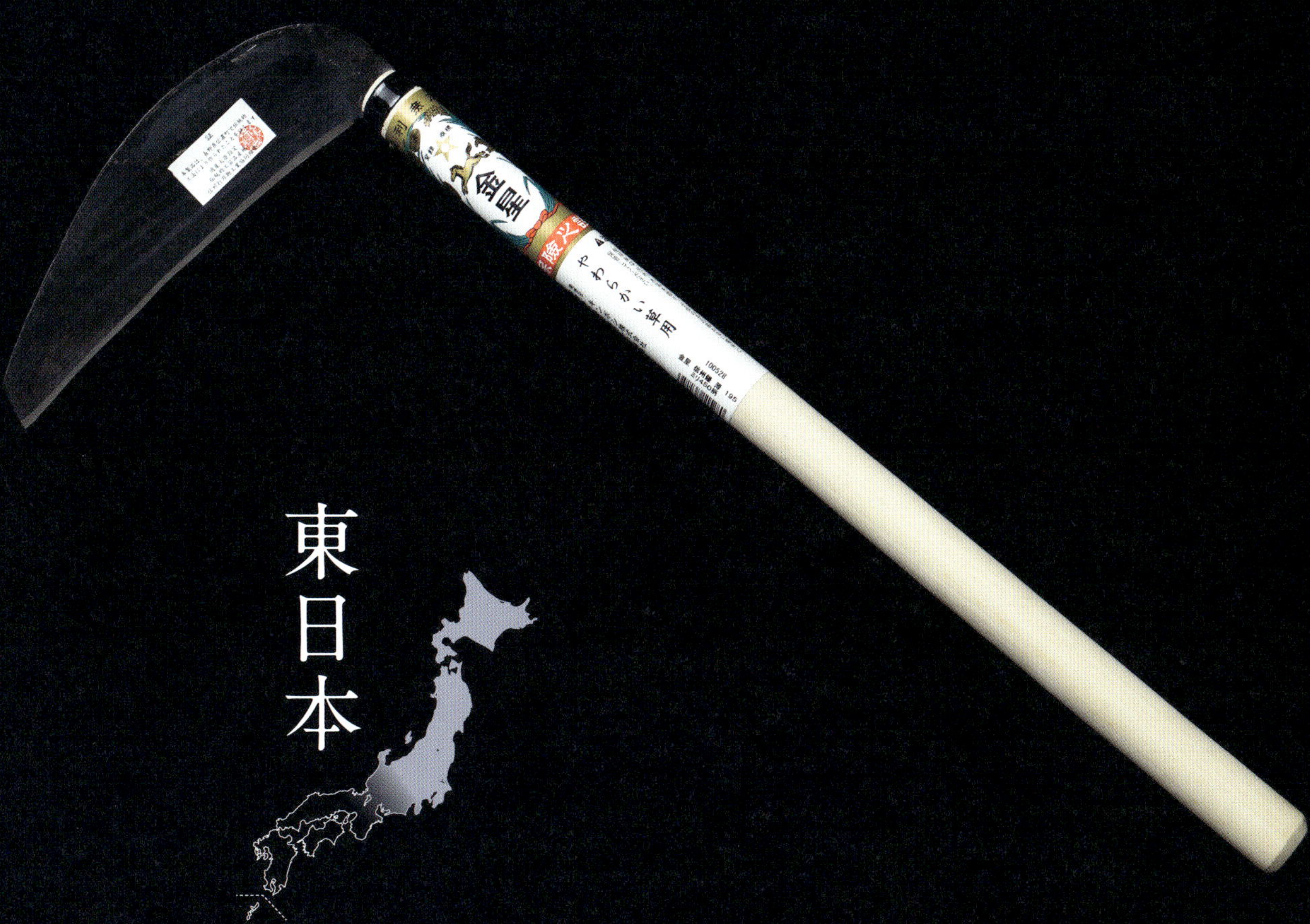

東日本

東日本で広く使われるのが柄の長い「信州鎌」

西日本で広く使われるのが柄の短い「播州鎌」

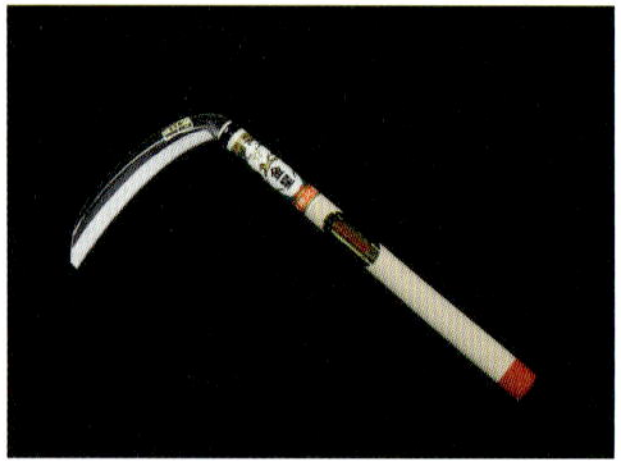

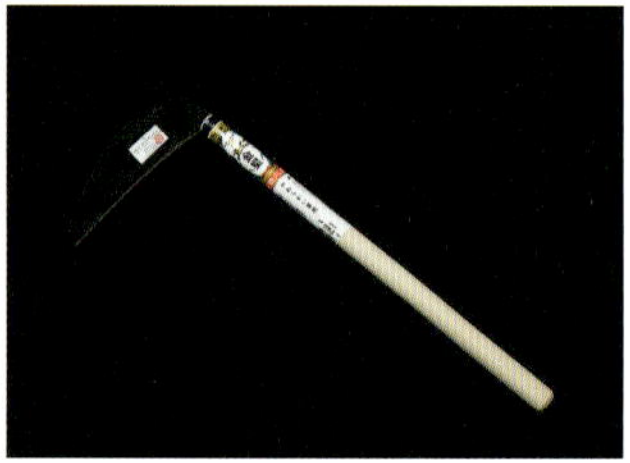

草を刈り取る鎌は、地域によって土地の形や草の性質が異なることもあり、その形は多種多様。そのなかでも西日本で広く使われているのが、刃の胴幅が狭く柄が短い「播州鎌」。草を手に持って刈り取るもので、西日本の山間部でよく使われている。一方、東日本で広く使われているのが刃の胴幅が広く、柄が長い「信州鎌」。こちらは草を払うように刈り取るのに適しており、東日本に多い平野部でよく用いられている。鎌を使って作業する人は、その鎌の形に応じた動きをするので、少し形が違うだけで「切れない、疲れる、怪我をする」とされ、現在でも鎌の型は定番とされるものだけでも200種類以上あるという。

播州鎌は、両刃と片刃で関東型と関西型に分かれる

撮影にご協力いただいたのは、兵庫県小野市に本社のある鎌メーカーの「キンボシ株式会社」。明治３年創業という同社では、各地域の要望に答えるために、全国の鎌を集めてその特徴を分析し、わかりやすく本社で展示している。同じ播州鎌でも、厚刃は関西型（表・裏とも写真向かって左側）で、関東型は片刃（表・裏とも写真向かって右側）など、鎌の型が細分化されていることに驚きました。なお、土を掘り起こす鍬は、もっとその型のヴァリエーションが多く、本職の営業でも覚えるのが大変なのだそうです。

かまぼこ板

大阪府

神奈川県

樅《もみ》が「神奈川県のかまぼこ板」

杉が「大阪府のかまぼこ板」

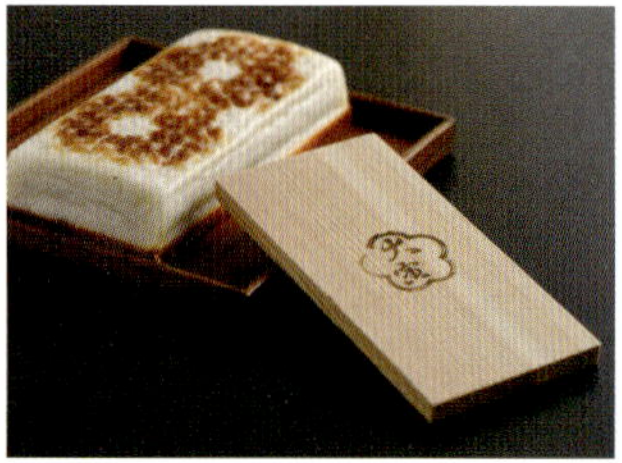

各地に多様な製品がある「かまぼこ」は、その「板」にも違いが見られる。「大阪府のかまぼこ板」として紹介しているのは、国産杉の最高級品として知られる「吉野杉」を使ったもの。関西では、この板の香りがかまぼこに移ることを好み、古くから杉が用いられてきた。「神奈川県のかまぼこ板」として紹介しているのは、樅《もみ》の木を使ったもの。関東では、板の香りがかまぼこに移ることを嫌い、匂いの少ない樅や、白檜《しらべ》が用いられてきた。樅や白檜は、水に濡れても木の白さが変わらないという特徴もある。なお「かまぼこ」に木の板が使われるのは、かまぼこの余分な水分を吸い取り、カビを予防する効果があるためである。

板にもこだわる「大寅蒲鉾」と「丸う田代」

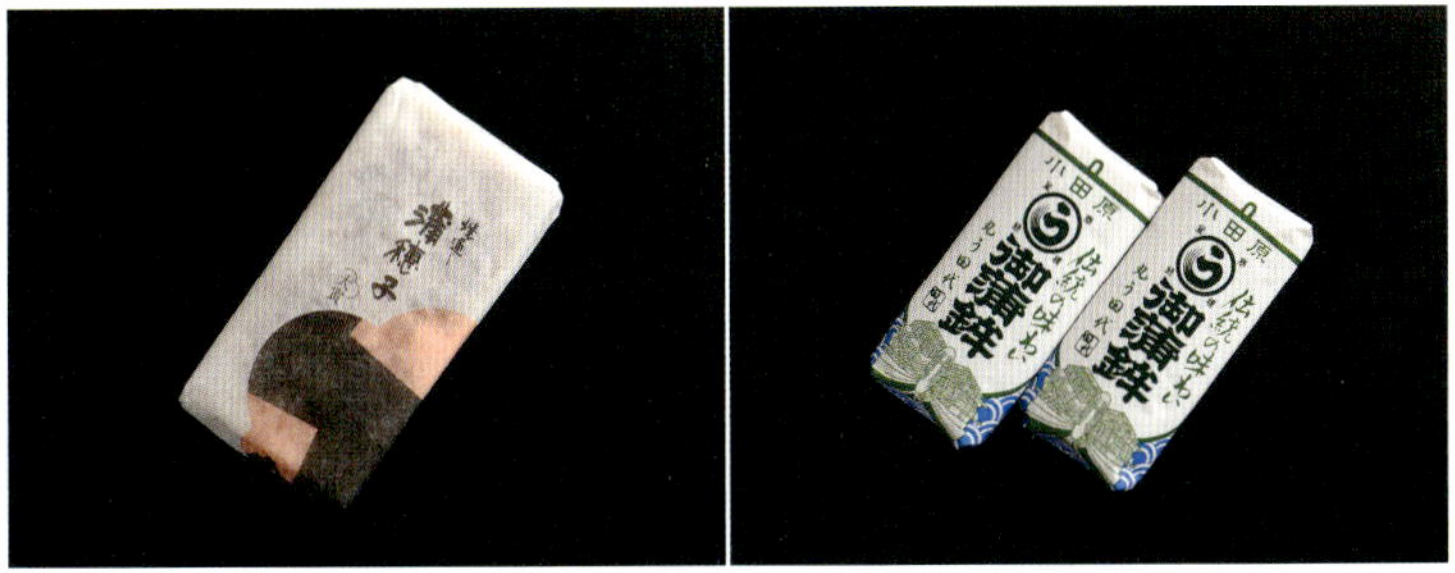

「大阪府のかまぼこ板」の撮影にご協力いただいたのは、大阪市中央区に本店を置く「大寅《だいとら》蒲鉾」。明治９年創業の老舗で、板には現在も「吉野杉」を用いている希少なお店です。「神奈川県のかまぼこ板」の撮影にご協力いただいたのは、神奈川県小田原市の「丸う田代」。明治初年に鮮魚業を営むかたわら蒲鉾の製造を始めた歴史ある店で、板には海外からの、樅や白檜の間伐材を用いている。大寅蒲鉾は、素材にハモを用いて蒸した後に焼きを入れる関西スタイル。一方、丸う田代は、素材にシログチなどを用いて蒸した状態でいただく小田原スタイル。同じかまぼこでも、地域によって各所に独自のこだわりがあるのです。

おかべたかしの

東と西のモグラを見てきた

東と西で異なるのは、食べ物や道具だけではありません。生き物にも違いがあり、セミはアブラゼミが関東に多く、クマゼミが関西に多い。またタンポポも、関東と関西では異なる種類のものが咲くそうです。そんな生物の違いを調べていると、モグラも東西で種類が違うことを知りました。

モグラは、関東に住む「アズマモグラ」と関西に住む「コウベモグラ」が２大勢力とされ、体格に勝るコウベモグラが、アズマモグラの生息範囲を東に追いやっているというのです。なんでもモグラというのは、ひとつの土地に別種のモグラと共存することが難しく、すぐ戦いがおきてしまうのだとか。

いわば「東西モグラ戦争」という状況にあるわけですが、それならぜひともその２種類のモグラを見てみたいと調べてみると、東京都の多摩動物

東と西のモグラを観察するため、東京都日野市にある多摩動物公園の「モグラのいえ」にやってきました。

この「モグラのいえ」には、アズマモグラとコウベモグラがそれぞれ５頭ずつ飼育されています。

公園にいることがわかりました。

さっそく取材に行ってみると、アズマモグラとコウベモグラがいるのは、園内の「モグラのいえ」という施設。中に入って驚いたのは、なんとモグラが頭上を歩き回っているのです。

この「モグラのいえ」は、金網で作った通路をつなぎ合わせて天井から吊るし、この中をモグラが行き来できるようになっているのです。観察していると時折「リンリン」と鈴がなります。これは通路をモグラが通る合図で、上を見るとたしかに何かが通っています。

「この通路を自由自在に動けるならば、アズマモグラとコウベモグラはケンカしてしまうのでは……」と思ったのですが、心配ご無用。壁面に貼られた解説パネル「おしえて！モグラ先輩！」の「モグラの通路は全部つながっているの？」という質問

「もぐらのいえ」の通路は、「えさば」と「すみか」をつないでいる。

モグラが頭上の通路を通ると鈴がなる仕組み。

には、こう書いてあります。

「つながってるわけねーだろ!!　つながっていたら今頃、大乱闘だぜ。俺たちモグラは縄張り意識が強いからな。自分の縄張りにはいってきたやつには、容赦しねーぜ！！　全部の通路がそれぞれ独立してんだよ」

　モグラ先輩は、この毒舌キャラでいろんなことを教えてくれます。「この通路が狭いのでは？」という疑問には「せまくていいんだよ！　俺らが掘る穴の大きさは体が通るギリギリくらいさ。目が見えねーから、体が触れている感覚をたよりにしてんだ。逆に体が触れていないと不安でしょうがねぇ。あのせまさでも、アズマだったら方向転換できるんだぜ！！」

　この狭い通路で飼育されていることもあって、アズマモグラとコウベモグラの姿をじっくり見

通路を通るモグラはこんな感じで、「アズマモグラ」と「コウベモグラ」の細かい特徴までは見てとれません。ただ、両者はコウベモグラのほうが大きい程度で、それほどはっきりとした見た目の違いがあるわけではないそうです。

壁面に貼られた解説パネル「おしえて！モグラ先輩！」は、その毒舌ぶりもあって大人気。モグラは日に当たって死ぬわけじゃないのです。

くらべるということはできませんでしたが、ほとんど知らなかったモグラの生態の断片を知ることができ、とても有意義な取材となりました。なお、取材後に読んだ『モグラ博士のモグラの話』（川田伸一郎・著／岩波ジュニア新書）という本によれば、アズマモグラとコウベモグラのほかに日本には４種類のモグラがいるそうです。サドモグラとエチゴモグラは、新潟県の佐渡島と、越後平野にだけ生息するモグラ。ミズラモグラは、広範囲に分布するものの標高の高い山地にのみ生息するもの。センカクモグラは尖閣諸島の魚釣島で発見されたもので、今まで１匹しか確認されていないそうです。ちなみに北海道にはモグラがいないそうなのですが、なぜ北海道にいないかは研究者の間でも謎なのだとか。モグラの謎、なんだかとても魅力的なのです。

きびだんご

岡山県

北海道

細長くて茶色いのが「北海道のきびだんご」

丸くて白いのが「岡山県のきびだんご」

桃太郎の「きびだんご」といえば、もともとは「きび（黍）」を蒸して作るもの。これを岡山県の菓子店「廣榮堂」がきびの代わりにもち米を使い、これに上白糖と水飴を混ぜて柔らかい求肥《ぎゅうひ》にし、風味づけにきび粉を加えた丸くて白いものが、広く親しまれている。ただ北海道では、細長くて茶色い「きびだんご」が一般的。これは北海道夕張郡にある「谷田製菓株式会社」が、1923年（大正12年）に創り出したもの。この年、関東大震災が起こったことから「起きるに備え、北海道開拓時のように団結し、力を合わせて復興に努めていただきたい」との願いを「起備団合」という字に当て「日本一きびだんご」として売り出した。原料はもち米、麦芽水飴、砂糖、餡で、当初から「きび」は使っていないという。

「きびだんご」を作る「廣榮堂」と「谷田製菓株式会社」

「岡山県のきびだんご」の撮影にご協力いただいたのは、岡山県岡山市に本社を置く「廣榮堂」。1856年（安政３年）の創業以来、160年以上にわたって岡山銘菓「きびだんご」を製造・販売している老舗で、今回撮影したのは同社の「むかし吉備団子」。岡山市の農家が作った希少なもち米を使った逸品で、ふっくらとした食感が格別でした。「北海道のきびだんご」の撮影にご協力いただいたのは、北海道夕張郡の「谷田製菓株式会社」。日持ちする上、持ち運びにも便利なことから、キャンプや登山のお供に愛用する北海道民も多いそうです。

浜松市

静岡県

餃子

宇都宮市

肉が多いのが「浜松市の餃子」

野菜が多いのが「宇都宮市の餃子」

餃子の消費量が多いことで知られるのが、静岡県の浜松市と栃木県の宇都宮市。両者の餃子を見くらべてみると、浜松市の餃子に乗ったモヤシが目を引く。このモヤシは、肉の比率が多い浜松餃子を「さっぱりと食べてもらいたい」という工夫から生まれたもの。これに対して、野菜の比率が多いのが、宇都宮市の餃子。浜松餃子の野菜と肉の比率は、おおよそ「６対４」から「７対３」とされるが、宇都宮餃子はおおよそ「７対３」から「８対２」だという。使われる野菜も異なり、浜松ではキャベツがメインであるのに対して、宇都宮は白菜がメインである。

名物の餃子を食べるなら「石松餃子」と「来らっせ」

浜松餃子の撮影にご協力いただいたのは、昭和28年創業の「石松餃子」。浜松餃子のシンボルともいえるモヤシの付け合わせを初めて用いたことで知られる老舗で、具材にはたっぷりのキャベツと地元遠州産の豚肉を使っている。一方、宇都宮餃子の撮影にご協力いただいたのは、協同組合宇都宮餃子会が運営する「来《き》らっせ」。同組合に加盟する「宇都宮みんみん」や「ぎょうざの龍門」など5つの常設店舗のほか日替わり店舗の餃子も供され、いろいろな宇都宮餃子を食べくらべることができる。

巨大仏

牛久市

茨城県

仙台市

牛久大仏が「牛久市の巨大仏」

仙台大観音が「仙台市の巨大仏」

日本各地には「巨大仏」といわれる、遠くからでもその姿を拝むことができる仏様がいくつかある。その高さで国内１位と２位なのが、牛久大仏と仙台大観音だ。牛久大仏は、茨城県牛久市にあるもので、その御身丈は100メートル。青銅製の立像として世界一の高さを誇りギネスブックにも登録されている。この牛久大仏に次ぐ高さなのが宮城県仙台市にある仙台大観音でその御身丈は92メートル。内部は60メートルもの吹き抜けになっており、エレベーターに乗って高さ68メートルまで行くことができる。

巨大仏は最初の一瞬の感動が重要

仙台大観音は、その立地場所が標高180メートルほどにある造成地ということもあってか、想像以上に遠くから眺めることができ、実感としては平野部に立つ牛久大仏より高く感じました。巨大仏は、周りの風景との関係で、見たときの印象は大きく変わるのです。宮田珠己さんの巨大仏を巡ったルポ『晴れた日は巨大仏を見に』（幻冬舎文庫）に《巨大仏旅行では、巨大仏本体より、巨大仏の見える風景のほうが大切》《初めてその姿を目にする最初の一瞬が何より重要》とあったのですが、まさにその通り。最初の一瞬の感動こそが、巨大仏の大きな魅力だと感じました。

茨城県にも「万博記念公園駅」

～ 実は2つ以上あるもの ～

茨城県の牛久市にある「牛久大仏」に撮影に行こうと計画を練っていたとき、その近くのつくば市に「万博記念公園駅」があることに気づきました。私は、京都市出身なこともあり「万博記念公園駅」といえば大阪の吹田《すいた》市にある大阪モノレールの駅しか思い浮かびません。大阪の「万博記念公園」にあるのは、岡本太郎の太陽の塔ですよね。

調べてみると、この茨城県の「万博記念公園駅」は、2005年に開業したつくばエクスプレスの駅。1985年につくば市で開催された「科学万博」の跡地が「科学万博記念公園」になり、この駅の近くにあることが駅名の由来だといいます。立ち寄ってみると、公園はよくある「市民の憩いの場」といった感じなのですが、「万博記念公園駅」は一見の価値あり。というのは、駅前に科学万博のために作られた岡本太郎作のモニュメント「未来を視る」が飾られていて、茨城県にいるのに「ここ、大阪？」といった錯覚が味わえるのです。

また別の取材の折、東京都北区の王子駅の近くを歩いていると、どこかで見たことのある銅像を発見しました。「これ、長崎にある平和の像ですよね」。同行の山出カメラマンと見てみると、長崎の平和祈念像を作った彫刻家の北村西望が東京都北区の名誉区民である縁などから、これが建てられたとありました。

このようになんとなく「1つしかない」と思っ

つくばエクスプレスの「科学万博記念公園駅」の前にある岡本太郎作のモニュメント「未来を視る」。関西の人にとっては、茨城県にいるのに大阪にいるかのような錯覚を覚える不思議な場所です。

ているものでも、「実は２つある」ものが少なくありません。

忠犬ハチ公像といえば、渋谷駅に１つしかないと思いますが、東京大学の構内にもあります。ハチ公の主人は、東京大学に勤めていた上野英三郎博士。この縁から2015年に、ハチ公が上野博士にじゃれついている愛らしい銅像が作られました。またハチ公の出身地である秋田県の大館《おおだて》市の大館駅前にも、ハチ公像はあります。

日本の中心を言い表す「日本のへそ」もたくさんあります。これは国によって「ここが中心」と決められているのではなく、各自治体が「われらこそが日本の中心」と主張し合っているからこその現象。兵庫県の西脇市は東経135度・北緯35度の交差点があることから「日本のへそ」であることを主張しています（東の根室沖が東経147度、西の端の与那国島が東経123度。北は宗谷海峡の北緯46度、南の端が波照間島の北緯24度であるという考えから）。多くの自治体がこのように地理的な中心点から「日本のへそ」を主張するなか、「人口重心」という根拠でこれを主張するのが岐阜県の関市。これは全国の人が同じ体重だと仮定して、日本列島がバランスを崩さずに支えられる点のこと。総務省の統計局が国勢調査を元に発表するもので、これが関市にあるそうです。

ご飯のお供

大阪府

東京都

錦松梅が「東京都のご飯のお供」

神宗の塩昆布が「大阪府のご飯のお供」

ふりかけや漬物、梅干しなどの「ご飯のお供」は、全国の名産品に由来するものが多く、各都道府県に多種多様なものがある。そんななか「ご飯のお供の東西横綱」と評するファンがいるのが、東京都のふりかけ「錦松梅《きんしょうばい》」と大阪府の「神宗《かんそう》」の塩昆布。「錦松梅」は、昭和7年創業の同社の創業者が考案した佃煮ふりかけで、かつお節や白ごま、椎茸、松の実など山海の素材を使用している。「錦松梅」という名前は、創業者の道楽のひとつだった盆栽の「錦松《にしきまつ》」と「梅」にちなんで名付けられている。一方、「神宗」は、1781年（天明元年）創業の同社が作る昆布の佃煮で、北海道道南産の天然真昆布のもっとも旨味のある肉厚な部分だけを使い、これを山椒などと煮たもの。「素にして上質」という同社の哲学が伝わってくる自然の「旨み」を活かした味わいである。

どちらも絶品、「神宗」と「錦松梅」

「大阪府のご飯のお供」の撮影にご協力いただいたのは、大阪市中央区に本店を置く「神宗」。ご飯のお供だけでなく、お菓子やサンドイッチにも利用されています。「東京都のご飯のお供」の撮影にご協力いただいたのは、東京都新宿区の「錦松梅」。こちらもご飯のお供だけでなく、玉子焼きやチャーハンの具材にも最適。またマヨネーズと和えても美味。この「東西横綱」があれば、本当に何杯でもご飯が食べられます。ごちそうさまでした。

こんにゃく

近江八幡市

山形市

玉こんにゃくが「山形市のこんにゃく」

赤こんにゃくが「近江八幡市のこんにゃく」

その色と形で全国的に人気なのが「赤こんにゃく」と「玉こんにゃく」。赤こんにゃくは、滋賀県近江八幡市の名物で、同地の祭りで織田信長が赤の長襦袢を着て踊ったことにちなむなど、赤くなった理由には諸説ある。なお、この赤は三二酸化鉄という無害の食品添加物で色付けしたもので、通常のこんにゃくよりも鉄分を豊富に含む。またその見た目から「辛い」と思われがちだが、味は通常のこんにゃくと同じである。一方、「玉こんにゃく」は、山形市を中心に同県でとりわけ愛されている名物で、食卓によく並ぶだけでなく、土産物店などの店頭でもよく売られている。こんにゃくは、山形の郷土料理「芋煮」にも欠かせず、同県のこんにゃく消費量は全国1位（2016年調べ）となっている。

ご当地こんにゃくの名物店
「乃利松食品 吉井商店」と「千歳山こんにゃく店」

「近江八幡市のこんにゃく」の撮影にご協力いただいたのは、滋賀県近江八幡市にある「乃利松食品 吉井商店」。明治24年創業で、赤こんにゃくを代々作り続けており、赤こんにゃくを魚のすり身に包んで揚げた「こんにゃくかくれん棒」などユニークな商品も多い。「山形市のこんにゃく」の撮影にご協力いただいたのは、山形県山形市にある「千歳山こんにゃく店」。40年以上継ぎ足し使われてきた煮汁で煮込まれた玉こんにゃくは、今まで食べた玉こんにゃくのなかでいちばん美味しかったです。

群馬県人はあまりこんにゃくを買わない

～ 生産地と消費地の話 ～

「りんごの生産量1位の都道府県は青森県」というのは、誰でも知っていますよね。同じように「さつまいも生産量1位＝鹿児島」「ぶどう生産量1位＝山梨県」「落花生生産量1位＝千葉県」なども、多くの人がご存知なのではないでしょうか。このように「生産地」というのはかなり知られていますが、「消費地」というのはあまり知られていないと思います。

『調べる！ 47都道府県 生産と消費で見る日本』（こどもくらぶ・編／同友館）という本に消費のデータがたくさん紹介されていて、これがとても面白かったのでいくつかご紹介します（消費のデータは2014年から2016年の平均とのこと）。

「さつまいも消費1位＝徳島県」「じゃがいも消費1位＝新潟県」「だいこん消費1位＝岩手県」「にんじん消費1位＝沖縄県」「さといも消費1位＝新潟県」「はくさい消費1位＝大阪府」「キャベツ消費1位＝長野県」「ほうれんそう消費1位＝岩手県」「ねぎ消費1位＝秋田県」「レタス消費1位＝神奈川県」「トマト消費1位＝新潟県」「れんこん消費1位＝佐賀県」

とりあえずいろいろな野菜をピックアップしてみましたが、なかなかその理由がピンとこないのではないでしょうか。にんじんは、沖縄に「にんじんしりしり」という郷土料理があることを知っていれば「なるほど」と思うのですが、こういっ

「山形の玉こん」や「滋賀県近江八幡の赤こん」のように「群馬県のこんにゃく」には、名物らしいものが思い当たらない。ただ、調べてみると「これは美味しい！」と評判の一品がありました。それが「株式会社まるへい」の「てのしこんにゃく」。高級な原料を贅沢に使った刺身こんにゃくの逸品で、その絶妙な食感に感激しました。群馬県に行った際は、ぜひお立ち寄りください。

た文化背景を知らないと「消費地」のデータは読み解けないと感じます。

　また、こういったデータを見て改めて思うのが「大生産地＝大消費地」という図式は、必ずしも当てはまらないということです。

　たとえば、前項目（P70）で紹介した「こんにゃく」などはその最たる例のひとつ。群馬県は、こんにゃくの原料となる「こんにゃく芋」の生産量が全体の90％を超える、まさに日本一のこんにゃく県。しかし、消費でいえばその限りではなく、こんにゃくの購入金額の１位は山形市で、２位青森市、３位福島市と続き、群馬県の前橋市は38位と下から数えたほうが早いのです（総務省統計局が発表している家計調査による。データは2015年から2017年の平均）。

「みんな、こんにゃく畑やこんにゃく工場で働いているから、わざわざ買わないのよ」

　取材に伺った群馬県のこんにゃくメーカー「株式会社まるへい」の女性店員さんは、その理由を笑いながらこう教えてくれました。

「九州の大分県では、ブランデーの消費が日本一」

　こんなデータも知ったのですが、その理由はよくわかりません。でも消費地のデータは、その理由がわからないところがなんだか魅力的なのでした。

くらべる日本
東西南北

Part. ②

さ行 た行

城

西日本

東日本

西日本に多いのが「石垣の城」

東日本に多いのが「土塁の城」

日本各地にある城は、比較的、地域差が少ないとされる。これは戦国時代以前でも、国内の交流が盛んであったためで、刀や鉄砲の地域差というのもあまり見られない。そんななか近世以降の城の東西差といえるのが、西日本には石垣の城が多く、東日本には土塁の城が多いという点だ。このような差が生まれたひとつの要因が「穴太衆《あのうしゅう》」という石垣を作る技術集団を豊臣秀吉に縁のある武将が抱え込んだこと。関ヶ原以降、豊臣縁故の武将が西日本各地で築城したため、そこには石垣の城が多い。逆に関ヶ原以降、東日本に配されたのは、徳川と縁が深い大名が多く、防御力の高い石垣を作る必要もなかったこともあり、簡素な土塁の城が多くなったと考えられている。

石垣の「丸亀城」と土塁の「逆井城」

西日本の城として紹介したのは、石垣の名城として知られる香川県丸亀市の「丸亀城」。天守閣も「現存12天守」に数えられる木造天守で、石垣、天守ともに実に見事。遠くから眺める石垣はとても美しいものでした。東日本の城として紹介しているのは、茨城県坂東市にある「逆井城《さかさいじょう》」。1577年に戦国大名の北条氏が北関東の進出拠点として建てたものだが、豊臣秀吉によって北条氏が滅ぼされると廃城になった。外堀と土塁は当時のもので、櫓《やぐら》などが再現されている。戦国時代を偲ぶことができる貴重な城跡です。

スコップ

関西

関東

大きいのが「関東のスコップ」

小さいのが「関西のスコップ」

本書で紹介している「いがまんじゅう」は、同じ名前でありながら、地域によって異なるものを指している。こういう事例はたくさんあるが、「関東と関西で、指しているものが逆である」という珍しい事例が「スコップとシャベル」。関西でスコップといえば、子どもが砂場遊びで使うような小さなものを指すが、関東では大きなものを指す。これとは逆に関西で「シャベル」といえば大きいものを指し、関東では小さなものを指す人が多い。なお工業規格の規定やメーカーの定義には「足をかけられるのがシャベル、足をかけられないのがスコップ」や「シャベルは掘るもの、スコップはすくうもの」といったものがあり、これに従えば関西の使い方のほうが正しいようにも思う。では、なぜ関東では逆になったのか——その理由はよくわかっていない。

高知県では「オタマジャクシ」を「カエル」と呼ぶ？

この「スコップとシャベル」のように「指すものが逆」といった事例がないかと探してみると「高知県ではオタマジャクシをカエルと呼ぶ」と知りました。なんでも「カエル」のことは「ヒキ」と呼び、オタマジャクシのことを「カエル」と呼ぶので、高知県から引っ越してきた子どもは戸惑うとある文献（※）に書かれています。本当なのかと高知の方に聞いてみると、「現在、高知の都市部ではそのようなことはないが、高知の方言辞典には載っているので昔はいわれていたのかも」とのこと。なお「カエル」は各地に様々な呼び名があるので、夏休みの自由研究などで調べてみると面白いですよ。

（※）『方言の絵辞典』（真田信治・監修／PHP研究所）

「行けたら行く」は何％くらい行く？

～ 東と西のよくわからない違い ～

誘われたときに「行けたら行く」と返事した際に「何％くらい行くつもりがあるか」に、関東と関西で違いがあるといわれています。

京都出身の私の場合「行けたら行く」は、ま、５パーセントくらいですかね。はっきり「行けない」と言いづらいので「行けたら行く」と逃げているわけです。これはみんなそうかと思えば、関東の人はちょっと違うといいます。

「80％くらい行く」「行くつもりがないと『行けたら行くといわない』ので70％くらいかな」

聞いてみると、東京生まれ東京育ちの人からこんな回答を得ました。このように関西は総じてその割合が低いのに対して、関東の人は行くつもりが高いといわれています。本当でしょうか。

「都民ですが、５％くらい」「都民です。行かないですね。東西差というよりも個人差ではないでしょうか」

でも聞き続けるとこんな答えもちらほら。個人差といってしまえばその通りでしょうが、「関西人は語尾に『知らんけど』と付けたりするように、ぼかした会話が多い印象なので『行けたら行く』とやんわり断るのは関西らしい」という指摘もあり、これはなるほどと思います。確たるところはよくわかりませんが、自分の「行けたら行く」と

写真左は関西文化圏といわれる石川県金沢市の近江町市場。写真右は東京上野「アメ横」の魚屋さん。ご覧のように「関西＝縦」「関東＝横」という図式も見られるのですが、必ずしもそうでもないケースも散見され、確たるところはよくわかりませんでした。どこかにしっかりとした文献があればいいのですが。

は異なる価値観があることは認識しておいたほうがいいようです。

このような確証の得られなかった東と西の違いに、「魚の並べ方」があります。魚屋さんが、魚を並べるとき「関西では縦に並べて、関東では横に並べる」といわれています。関西には間口が狭く奥行きのある家が多いのに対して、関東には間口が広く奥行きがさほどない家が多いことに由来するとされているのです。興味深いので、各地の取材の折、魚屋さんをいくつか見てまわりました。するとたしかに関西では、縦並びが多いようにも思います。一方、関東では、たしかに横並びが多いものの、築地などでは縦と横が混在している店も少なくありません。東京都上野の「アメヤ横丁」では横が主体なものの、お店の人に話を聞くと「魚の並び？　あまり意識していないよ。太刀魚のような長い魚ならば縦に並べるしね」とのこと。「関西は横並び、関東は縦並び」という図式は、その昔には明確にあったのでしょうが、今では利便性に応じて置かれているのが、現状かもしれません。また山出カメラマンが青森県の八戸に取材に行った際、そこの魚は関西とされる縦置きだったそうです。なかなか一筋縄にはいかない問題なのでした。

ソースカツ丼

福井市

会津若松市

福島県

キャベツを敷いているのが「会津若松市のソースカツ丼」

キャベツを敷いていないのが「福井市のソースカツ丼」

近年、全国的に知られるようになったソースカツ丼は、主に福井県福井市、長野県駒ヶ根市、群馬県前橋市、福島県会津若松市の４市で広く愛好されている。この４市のソースカツ丼のわかりやすい違いは、キャベツの有無。福井市と前橋市では、ご飯の上に直に肉が乗っているのに対して、駒ヶ根市と会津若松市ではご飯と肉の間にキャベツを敷いている。また福井市のソースカツ丼は、薄いカツに細かいパン粉を用いるのが特徴。丼には必ずフタがついており、食べる分以外のカツはここに移動させておくのが習わし。会津若松市のソースカツ丼は、ご飯とキャベツの上に洋風ソースにひたしたロースカツを乗せるのが定番。店によってソースのレシピなどは異なるが、比較的、大盛りなのが特徴だ。

東京でも味わえるソースカツ丼「ふくい軒」と「キッチンフライパン」

「福井市のソースカツ丼」の撮影にご協力いただいたのは東京都中央区にある福井料理の専門店「ふくい軒」。ランチではソースカツ丼だけでなく、福井名物の「越前おろしそば」も味わえます。「会津若松市のソースカツ丼」の撮影にご協力いただいたのは東京都足立区の洋食居酒屋「キッチンフライパン」。撮影したのは同店の看板メニュー「特大ロースソース丼」。どちらも肉はもちろんですが、「ふくい軒」はごはんの美味しさが、「キッチンフライパン」はキャベツの美味しさがとても印象的でした。

宇和島市

鯛めし

松山市

生の鯛を食べるのが「宇和島市の鯛めし」

ご飯と一緒に炊いた鯛を食べるのが「松山市の鯛めし」

同じ「鯛めし」でありながら、同じ愛媛県の宇和島市と松山市では、異なるものが提供されている。宇和島市の「鯛めし」は、鯛の刺身を生卵とタレに絡めてご飯にかけて食べるもの。もともとは宇和島の漁師が、火の使えない船の上で酒盛りした折、酒を飲んだ椀にご飯を盛って鯛の刺身を乗せたのが始まりとされている。一方、松山市の「鯛めし」は、土鍋でご飯と炊いたもの。同じ県でこのように違うのは、愛媛県は東側の「東予」、中央部の「中予」、西側の「南予」で文化が異なるため。中予に位置する松山市は、瀬戸内海の文化圏だが、南予に位置する宇和島市は、海を隔てて隣にある九州文化の影響を受けているという。

大街道に並ぶ「丸水 松山店」と「松山鯛めし 秋嘉」

「宇和島市の鯛めし」の撮影にご協力いただいたのは「丸水《がんすい》 松山店」。一方、「松山市の鯛めし」の撮影にご協力いただいたのは「松山鯛めし 秋嘉《あか》」。両店とも愛媛県松山市の繁華街「大街道」に面しており、気軽に食べくらべができます。秋嘉では、松山鯛めしの締めを出汁茶漬けにできるのですが、これがとりわけ絶品でした。

大阪府

たぬき

京都府

油揚げが乗ったそばが「大阪府のたぬき」

油揚げが乗ったあんかけうどんが「京都府のたぬき」

東京の蕎麦屋で「たぬき」といえば、揚げ玉（天かす）の乗ったそばやうどんのこと。その由来には、「天ぷらのタネヌキであること」など諸説ある。関西ではこの「たぬき」が様変わりし、大阪では、油揚げが乗ったそばを指す。うどん文化圏の大阪で「きつね」といえば、油揚げが乗った「きつねうどん」を指すのが一般的。その「きつね」が「そば」に化けたことが、その由来とされる。また京都の「たぬき」は、きつねうどんを「あんかけ」にしたものを指す。一説には、きつねの「ドロンと化ける」と、あんかけの「ドロっとした」の語感が似ていることがその由来とされる。京都の「たぬき」は、冬場の出前でも冷めないための工夫として生み出されたもので、生姜がたくさん入っていることもあって体が温まる食べ物として京都の人に愛されている。

4種類の「たぬき」を供する大阪屋

撮影にご協力いただいたのは、京都市下京区にある「大阪屋」。「たぬきうどん」は、大阪風、京都風だけでなく、同店オリジナルの揚げとエビ天を乗せた「東京風」、揚げとかしわ（鶏肉）を乗せた「名古屋風」の4種類を提供している。京都のうどん屋さんには、かまぼこを使った「木の葉丼」や、揚げとネギを玉子でとじた「衣笠丼」など、独特なメニューが豊富。京都観光の際は、いろいろ挑戦してみてください。

みなかみ町

群馬県

ダムカレー
奥多摩町
東京都

ドラム缶橋を再現したのが「奥多摩町のダムカレー」

3種類あるのが「みなかみ町のダムカレー」

「ダムカレー」とは、ダムをモチーフにしたカレーのことで、ダムの近隣で食べられること、その地域のダムの形を模していることが特徴。2009年頃から全国的に増え始め、各地のダムを見て回る愛好家をはじめ根強いファンが多い。ダム愛好家から、1つの町に5つのダムがあることから「ダムの聖地」と呼ばれるのが群馬県利根郡みなかみ町。同町にある5つのダムでは、異なる3つの方式が用いられていることから、カレーも3種類用意されている（写真手前から普通盛りのアーチ式、中盛りの重力式、大盛りのロックフィル式）。一方、東京都西多摩郡奥多摩町にある小河内《おごうち》ダムの近隣で提供されているダムカレーは、同ダムの湖面に浮かぶドラム缶橋がパスタに刺したコーンとニンジンで再現されている。カレーに乗ったゆで卵は、管理用の船を模している。

ともに、ダムカレーを提供する「旅館たにがわ」と「カタクリの花」

「みなかみ町のダムカレー」の撮影にご協力いただいたのは、同町にある「旅館たにがわ」。「みなかみダムカレー」の味は、提供する旅館や各施設で異なるものの、ご飯の形と皿の統一が図られています。一方、「奥多摩町のダムカレー」の撮影にご協力いただいたのは、小河内ダムを一望できるパノラマレストラン「カタクリの花」。小河内ダムの歴史が学べる「奥多摩水と緑のふれあい館」の２階にあり、雄大なダムを見ながら食べるダムカレーは格別でした。

全国駐車場

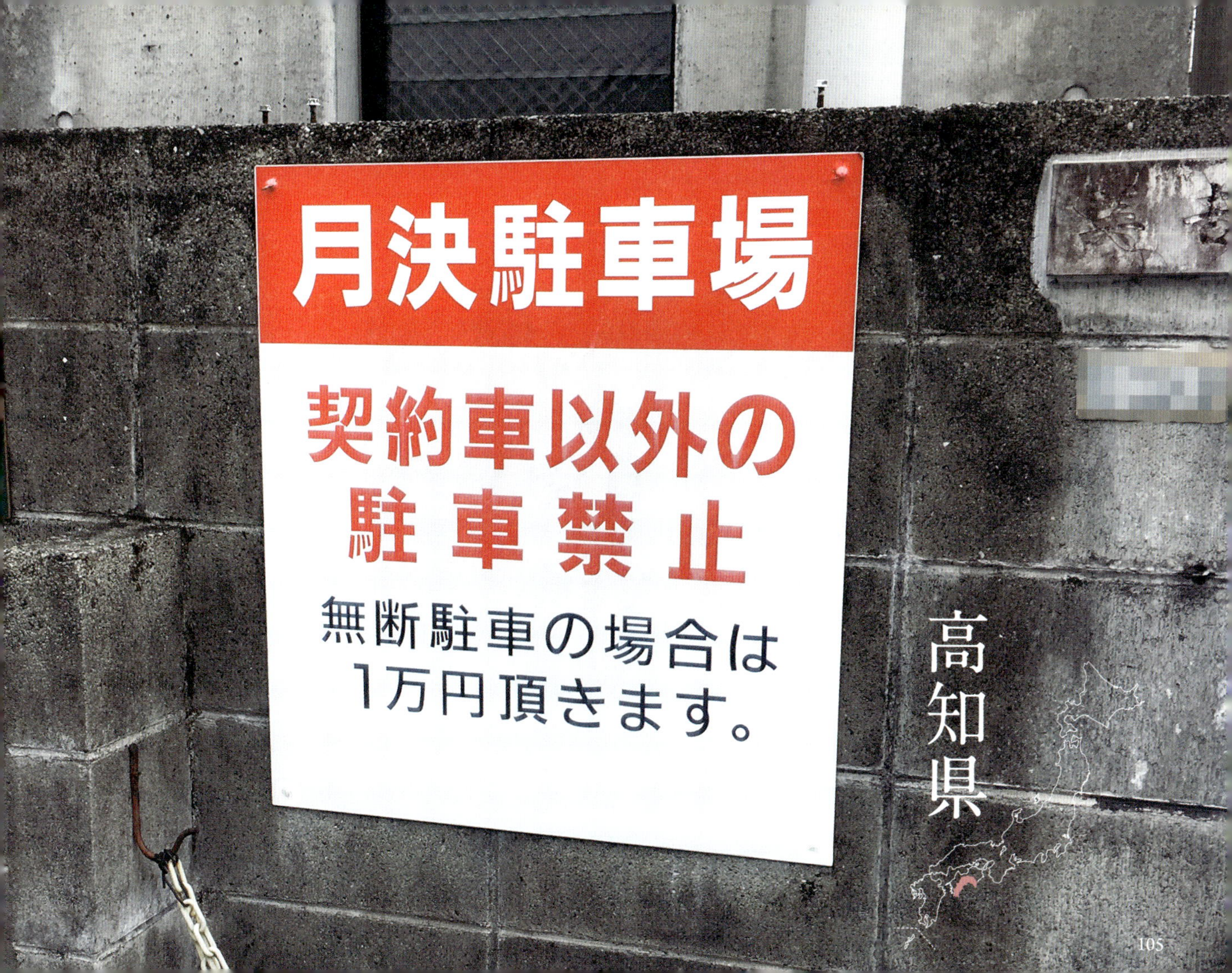
月決駐車場
契約車以外の
駐車禁止
無断駐車の場合は
1万円頂きます。

高知県

月極が多いのが「全国の駐車場」

月決が多いのが「高知県の駐車場」

月極駐車場
無断駐車ご遠慮ください

月決駐車場
契約車以外の
駐車禁止
無断駐車の場合は
1万円頂きます。

月単位で貸す駐車場の看板には、全国的に「月極駐車場」と書かれるのが一般的。これを「げっきょく」と読んだ経験のある人は多いだろうが、これで「つきぎめ」と読む。日本では江戸時代から「極」という漢字に「きめる」という意味と読みを持たせており、戦前まで「極」は「決」とともに「きめる」という意味で用いられていた。これが戦後「きめる」には「決」を用い、「極」は「きわめる」という意味に限定されたのだが、なぜか駐車場の看板だけには「極める（きめる）」が残ったというのが、「月極」看板が生まれた背景。このように全国的に「月極駐車場」が多数を占めるなか、高知県には「月決駐車場」が多いことで知られる。なお「月決駐車場」が見られる地域として、高知県と並びその名が挙がるのが北海道。また青森県、岩手県、秋田県、長野県などでも見られるという。

高知に行ったら「月決駐車場」を探そう

「月決駐車場」の実態を探るべく高知県の市内を散策してみると、意外なことに中心部では「月極」のほうが多い印象。全国表記に合わせようという動きがあるのかもしれませんが、「月決」のほうがわかりやすいし、なにより他県の人からすればとても珍しいので、ぜひ高知らしい表記を残してもらいたいなと思います。見つけて嬉しい「月決駐車場」。ぜひみなさんも探してみてください。写真は高知の「はりまや橋」。「日本三大がっかり名所」なんて言われていますが、それなりに味わいがあります。

「たっすいがは、いかん！」ってどういう意味？

～ 方言キャッチコピー ～

高知に取材に行った際、「たっすいがは、いかん！」というキリンビールのキャッチコピーを目にしました。今までいろんな広告を見てきましたが、ここまで意味がわからない宣伝文句も珍しい。「あれ、どういう意味ですか？」と、地元の人に尋ねると「たっすいは、薄いという意味です。つまり薄いビールはダメ。濃いキリンビールを飲もうってことですね」。このように県外の人には、意味のわからない方言コピーなのですが「あれ？どういう意味？」と、つい聞いてしまうところが秀逸。不思議なものはSNSで拡散する時代なので「方言コピー」は、今の時代にマッチしているのでしょう。そこで、この「たっすいがは、いかん！」に続くべく、方言キャッチコピーを考えてみました。

まず、思い浮かんだのが「シュッとしたはる」です。大阪や京都のおばちゃんが、かっこいい人やスマートな人を評して「シュッとしたはる」というのですが、これがかわいい＆面白いので、僕、大好き。このコピーに硬派な京都名物あたりを絡めてみたら面白いのではないでしょうか。たとえば、京都名物に「にしんそば」がありますが、上に乗っている「身欠きにしんの甘露煮」なんか「シュッとしてる」感じがある。

ニシンそばを上からかっこよく撮って「シュッとしたはる。」とコピーを添える。おお！　なんだかいいような気がしますよ。

山形県では、①のことを「イチマル」と読むと知りました。全国的には「マルイチ」ですが、山形の人に「本当ですか？」と聞くと、あるテレビでこの件が放送されるまで、「イチマル」と呼ぶのが特殊なことを知らなかった人が大半だったとか。それで、そのテレビが放送されて以降、山形県でも「マルイチ」と呼ぶ人が増えているんじゃないかとのこと。

こういうのって、なんかもったいないような気がするんですよね。「イチマル」と呼んでいても、何か不都合があるわけではないでしょうし、高知県の「月決駐車場」と同じで、こういうのは地域色として残したほうが、いいと思うんですけどね。ですから、この「イチマル」を使ったキャッチコピーにしましょう。

他県民が見たら「どういう意味」と聞かずにはいられない「たっすいがは、いかん！」。このコピーの影響もあるのでしょう。高知県ではキリンビールの売上げは好調なのだそうです。

「イチマル おいしい。ニマル たのしい。ハマル 山形。」

こんなのどうですかね。

ポイントは、当地の人はみんな知っているけど、他県の人から見れば「どういう意味？」と聞かずにおられないところ。全国のみなさん、ぜひ方言コピーを考えていきましょう。

つり革

大阪府

東京都

丸が多いのが「大阪府のつり革」

三角が多いのが「東京都のつり革」

電車のつり革の形には、関西には丸（円形）が多く、関東には三角が多いという傾向がある。つり革は各鉄道会社が独自に採用するものだが、丸と三角、それぞれの特徴を見ていくと、このような傾向が生まれる理由がなんとなくわかってくる。丸いつり革は、線路に対して平行につけられることが多いため、とっさのときに掴みやすい。また、顔などに当たったときの衝撃が少ないというメリットがある。一方、線路に対して垂直に取り付けられることが多い三角のつり革は、手を上げたとき自然な状態で掴むことができて握りやすい。そして密集して取り付けた際に、つり革同士が衝突しにくいというメリットがある。おそらく関西に比べて混んでいる関東では、たくさんつけられる三角が採用されやすい。一方、関西では、個数が少なくてコストを抑えられる上、とっさのときに掴みやすい丸が採用されやすいのだろう。

関東と関西では女性専用車両の位置も異なる

電車に関する関東と関西の違いには、女性専用車両の位置がある。関東では、女性専用車両の位置は電車の先頭、または最後尾が一般的。しかし関西では電車の中央付近が主流である。関西の鉄道会社は、車両の両端に改札があるケースが多く、混雑を避けるためとその理由を説明している。また、関東では、女性専用車両は平日、朝夕のラッシュ時のみだが、関西では終日適用しているケースが多い。

定食

大阪府

東京都

ご飯と味噌汁が横に並ぶのが「東京都の定食」

ご飯と味噌汁が縦に並ぶのが「大阪府の定食」

定食におけるご飯と味噌汁の位置は、東京と大阪では微妙な違いがある。古来より「左上位」という考えがあり、もっとも大切なご飯が左、これに次いで重要な味噌汁がその右側に置かれるのが作法とされており、東京をはじめとして多くの地域ではこの方式が採られている。しかし大阪では、味噌汁をご飯の上（奥）に置く店が少なくない。これは、おかずを食べようと箸を動かすときに、右下の味噌汁椀に当たってしまうという考えゆえのもの。ただ、東京にも「配膳のときはご飯と味噌汁は横並びだけど、食べるときにはご飯の上に置き直す」という人も少なからずいて、この大阪方式の利点を認める人は他地域にも一定数いそうだ。作法の東京、効率の大阪といえそうだが、あなたはどちらの方式だろうか。

定食の名店 「いててや」と「歌舞伎町 つるかめ食堂」

「大阪府の定食」の撮影にご協力いただいたのは大阪府高槻市にある「定食専門店 いててや」。同地で40年近く営まれている定食専門店で、写真は人気のマグロステーキ定食。ソースがとても美味しく、ご飯がどんどん進みました。一方「東京都の定食」の撮影にご協力いただいたのは東京都新宿区にある「歌舞伎町 つるかめ食堂」。創業から60年以上経つという老舗の食堂で、親子2代にわたるファンも多い。写真は日替わり定食で、この日はイカフライとチキンカツと目玉焼き。東西の定食の名店、ぜひ一度味わってみてください。

止まれ

大阪府

東京都

「れ」の一画目の横線が縦線とくっ付いているのが「東京都の止まれ」

「れ」の一画目の横線が縦線と離れているのが「大阪府の止まれ」

路面に書かれている「止まれ」という文字は、地域によって微妙な違いがある。写真は、大阪府と東京都の路面に書かれていた「止まれ」だが、見くらべると明らかに「れ」の形が違う。大阪府の「れ」は、一画目の横線が縦線と離れているが、東京都のものは、縦線とくっ付いている。「止まれ」は、各都道府県の公安委員会が定めているためこのような違いが生ずるようだが、全国的に見れば東京都の「れ」のほうが多い。全国の取材時に確認しただけでなく、遠方からも情報提供を求めたが、札幌市、山形市、福井市、富山市、京都市、愛媛県松山市、香川県丸亀市、福岡市などは東京都の「れ」と同じ。一方、大阪府の「れ」は、大阪府、兵庫県、滋賀県などで確認できた。おそらく東京都の「れ」が全国型で、大阪府の「れ」が関西主流型といえるのではないだろうか。

「わからないこと」が面白い時代

「止まれの写真、送ってください」とSNSで呼びかけたところ、多くの方が送ってくださいました。「見つけましたー」と楽しそうに連絡くださる方も少なくなく、検索すればなんでもわかるように感じる現代では「わからない」ことって、魅力的なことなのだなと感じます。写真は「透かしブロック」というブロック塀に施された風通しのためのデザイン穴。この形に地域性があるのではと調べたのですが、よくわかりませんでした。でも「わからないこと」ってワクワクしますよね。結果としてわからなくても、このワクワク感を大切に本を作りたいと思うのです。

山出高士の

日本全国、醤油味くらべ大会

山口県萩市、愛媛県宇和島市、佐賀県伊万里市。この３都市は、過去に訪れたとき「醤油、甘っ！」と驚いたところである。

九州の醤油は甘いと知っていたが、「醤油＝甘い」県は、どれくらいあるのだろう。また、醤油の味の地域差は、いかほどなのか？

こういった違いを楽しみながら新たな発見をすべく、東京にある各県のアンテナショップを巡って様々な地域の醤油を集めてみた。

各県の店には、お土産を意識した特別な醤油や、その土地ならではの出汁醤油も見られたが、今回は極力「日常使い」の物を選んで購入。迷ったときは店員さんのお薦めをチョイスしていき、各地から８種類の醤油を揃えてみた。では、マグロの

左から長崎、熊本、岡山、香川、和歌山、富山、岩手、北海道の代表たち。

色は、和歌山がいちばん濃く、岩手のものがいちばん薄かった。

刺身と木綿豆腐をアテに、全国の醬油を味わう旅に出かけましょう。

まずは岩手県の釜石市で人気があると聞く「富士」という醤油。色は薄めだが、マグロに付けて食べてみると甘い！　直接的な砂糖の甘さを感じ、みたらし団子のタレにも近い。正直、今回の試みは「やっぱり九州の醤油が甘かったね」と再確認して終わるものと思っていたが、のっけから驚かされた。特筆ものの甘さだ。

この甘さと、九州醬油の甘さをくらべたいところだが、先を急がず、和歌山県湯浅町の醤油「角長 手づくり醤油」を試してみたい。というのはこの醤油、開封した直後から香りの高さが際立っていたのだ。小皿に注ぐと、トロリとした粘度があり、色も濃く、口にしてみると旨みが強くほんのり甘い。爽やかかつ、力強い香りが鼻腔を抜けていき、さらに強く旨みを感じる。全体に密度が濃い感じだ。実は、和歌山県は「醤油発祥の地」とされている。醤油の起源は諸説あるが、中国から和歌山県の湯浅町に伝わった金山寺味噌を作る過程で、桶に溜った液体が美味しいことに気づき、それが「たまり醤油」の原型となり、醤油のルーツとなったというのが有力である。「醤油発祥の地」の名にふさわしい味だった。

さて次は瀬戸内海に浮かぶ小豆島に渡ろう。小豆島は、比較的温暖で雨が少なく乾燥しており、醤油の発酵や熟成に適した土地。昔は海運業も盛んだったことから大豆や小麦の入手も簡単で、古くから醤油作りが定着した島である。そのためもあってか香川県のアンテナショップは、醤油の品揃えがいちばん豊富だった。どれにすればいいのか迷ったので、店員さんに「間違いないです！」と強く薦められた「鶴醤《つるしお》」を購入した。味わってみると、さわやかな酸味の後に、旨みと自然な甘みが続く。香りも高くとてもバランスが良く感じられた。ただ、この醤油は「再仕込み」という手の込んだ製法で作られていて、今回の「日常使い」という設定からすると、少しスペシャル過ぎたかもしれない。

続いて北海道、富山県、岡山県と試してみる。どれも強烈な個性を放つわけではないが、質と鮮度の高さを感じ、遜色なく美味い。感心、感謝しつつ、いよいよ九州上陸である。

まずは長崎県の「チョーコーあまくち」から。以前、佐賀県の伊万里市で甘い醤油を経験したとき「長崎はもっと甘い」と聞かされていたので、この醤油がいちばん甘いと踏んでいたが、あれ？ 甘くない。いや、甘いのだが驚くほどではなく、マグロの旨さをほんのりサポートする程度だ。この醤油も「ファンになる人が多いです！」と店員さんに強く薦められたもので、確かに独特の甘味と風味は付け醤油としてだけでなく、煮物など

「長崎のあまくち」と「熊本のうまくち」。比較すると「熊本のうまくち」の方が甘かった。

本編では触れなかったが、ジャケ買いした岡山県の「とら醤油」かっこいい！

番外編として味わってみた「さしみ醤油」。旨みと甘みがとても強いので、馴染みがない人の好みは分かれる？

で調味料として生きる可能性を感じる。

続けて熊本県の「ヤマウチうまくち」を食べると、甘い！　馬刺に付いているタレのような甘さ。知らずに食べると「これ醤油ですか？」と確認したくなるレベルである。その名の通り甘みだけでなく、旨味も強く濃厚である。しかし甘さのレベルをくらべれば、岩手県の「富士」の方が上だと感じた。

今回の「日本全国、醤油味くらべ大会」は、どれも旨く満足だった。こうしてくらべることでわかる個性というものが確実にあることを再認識する。そして注目の「甘さ」対決は、日本一の「富士」の名をもつ岩手県の醤油が制する結果となりました（笑）。

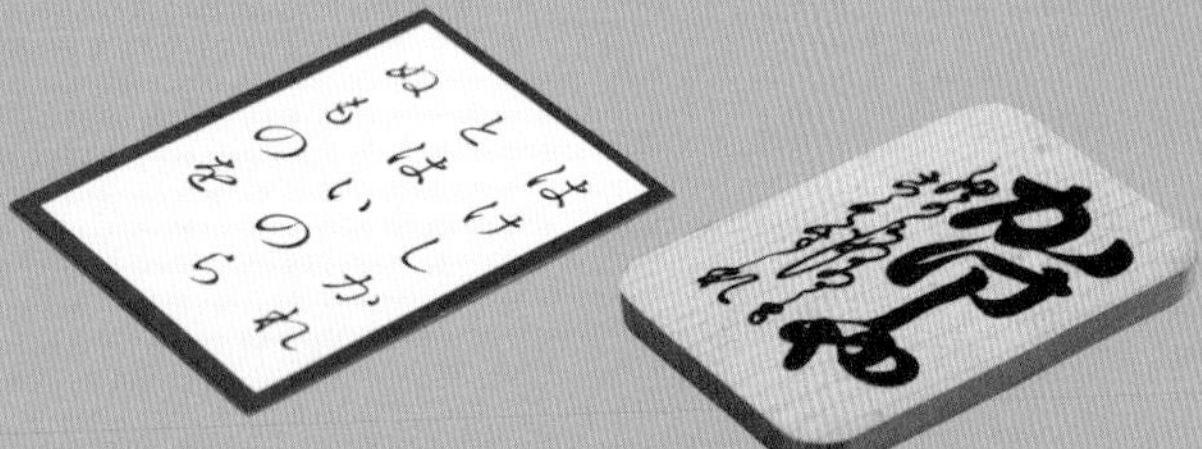
はけしかれ
とはいのら
ぬものを

くらべる日本
東西南北

Part. 3

な行 は行 ま行 や行 わ行

納豆

京都府

秋田県

塩辛納豆が「京都府の納豆」

糸引き納豆が「秋田県の納豆」

現在「納豆」といえば、ネバネバと糸を引く「糸引き納豆」のことを指すのが一般的。しかし一昔前の関西で「納豆」といえば、糸を引かない「塩辛納豆」を指すケースも少なくなかった。塩辛納豆とは、蒸した大豆と麦に麹菌を繁殖させて作るもので、糸引き納豆に欠かせない納豆菌は使われていない。奈良時代、唐に渡った僧侶が持ち帰ったものとされ、その後、関西を中心とした寺で作られたことから「寺納豆」とも呼ばれている。味は味噌に近く、調味料としても使われる。糸引き納豆の出自については諸説あるが、発祥の地のひとつとされるのが秋田県横手市付近。平安時代の後期、「後三年《ごさんねん》の役《えき》」のとき戦場に赴いた源義家は、大雪に遭い兵糧《ひょうろう》が不足。このとき農家から煮た豆を供出させて、これを俵に入れて馬の背で運ぶうちに納豆ができたとされている。

真摯な納豆作り「本家 磯田」と「二代目 福治郎」

「京都府の納豆」の撮影にご協力いただいたのは、京都市北区にある「本家 磯田」。京都の大徳寺で作られてきた塩辛納豆の「大徳寺納豆」を江戸時代から作ってきた家で、その味を現代に引き継いでいる。味わいはとても豊潤な味噌を思わせ、日本酒のアテに最高でした。「秋田県の納豆」の撮影にご協力いただいたのは、秋田県秋田市にある「二代目 福治郎」。最高級の国産大豆を昔ながらの製法で作り上げるという同店は「日本一高い納豆」としても知られている。豆の味の主張が素晴らしい納豆でした。

春巻き

京都府

東京都

小麦粉で作った皮を揚げたのが「東京都の春巻き」

玉子で作った皮を揚げたのが「京都府の春巻き」

一般的に「春巻き」と聞いて連想するのは、東京都の春巻きとして紹介している「小麦粉で作った皮を揚げた」ものだろう。しかし、京都や大阪、神戸などでは「玉子で作った皮を揚げた」春巻きを供するお店が多い。この一般に「玉子春巻き」と呼ばれるものは、中国でも北方の山東料理や北京料理の流れを汲む店で出されることが多い春巻き。一方、小麦粉の皮の春巻きを出すのは、中国でも南方の広東料理や上海料理の店が多い。なお、もともと春巻きという料理は、立春の頃、春になって芽吹き始めた野菜を巻いて食べたものとされている。これが場所によって形を変えていったのだ。

ぜひ春巻きを味わってもらいたい「東華菜館」と「泰興楼八重洲本店」

「京都府の春巻き」の撮影にご協力いただいたのは京都市下京区にある「東華菜館」。建物はウィリアム・ヴォーリズ設計によるもので、店内には国内最古のエレベーターが現役で稼働している。夏季には、鴨川に面した床で食事もでき、料理だけでなくその空間も存分に楽しめるお店です。一方「東京都の春巻き」の撮影にご協力いただいたのは東京都中央区にある「泰興楼八重洲本店」。同店の春巻きは、キャベツや長ネギ、タケノコなどの具とパリパリに揚がった皮の食感が絶妙でした。この「くらべる」シリーズでも屈指の美味くらべとなった春巻きの両名店。ぜひご賞味ください。

北陸のタクシーは白だった

〜『くらべる東西』その後の調査〜

本書『くらべる日本 東西南北』の前身となる本が、2016年の6月に刊行した『くらべる東西』です。この本では、関東と関西の違いにスポットを当てていたので、他の地域も含めた文化の差異にも目を向けたのが本書というわけです。さて、『くらべる東西』の出版後に、いろんな反響をいただき、いくつかの新しい事実が判明したので、それをご紹介したいと思います。

まず『くらべる東西』を読んだというＮＨＫのディレクターさんから「東と西の間の中部地方がどうなっているのかとても興味があります」と連絡がありました。それで私たちもロケに参加して中部、北陸のことを調べた『中部 境界線ワンダーランド』という番組が2017年の夏に放送されました。この中で、扱ったネタのひとつがタクシーの色です。

『くらべる東西』では、東京のタクシーは緑や黄色などカラフルであるのに対して、大阪のタクシーは黒が多いという話を紹介しています。では、関東と関西の間のタクシーの色はどうなっているのかと北陸の福井市に向かったところ、その駅前に並ぶタクシーの色は、なんと白だったのです。四国の松山に取材に行った時も白が主流だったことから、全国的に白の地域がいくつかあるようです。驚きでした。

また、ネコの尻尾についても、新しい情報を得

左の写真は、ＮＨＫの番組ロケで行った福井駅前のタクシー。ご覧のように白。隣県の石川県金沢市も白で、北陸は白ゾーンのようだ。また写真右は、取材で行った愛媛県の松山市。こちらもこのように白が多いのです。なぜなのか……。謎が深まります。

ました。

『くらべる東西』で、関東には尻尾の先端が曲がったネコが多く、関西には尻尾がまっすぐのネコが多いという話を紹介しました。尻尾が長い猫が長生きすると「猫又《ねこまた》」という化け猫になるという伝説があり、これが強く信じられていた江戸では、尻尾の短いネコや、尾が曲がっているネコが好んで飼われたといわれているのです。

この記事を読んだ『フルタチさん』（フジテレビ・現在は放送終了）という番組のスタッフから、このネタを実際に調べてみたいと連絡があり、放送では番組スタッフが東京と大阪の公園でネコを50匹ずつ観察。「関東の尾曲りネコ率＝50匹中26匹／関西の尾曲りネコ率＝50匹中７匹」という結果を得ます。そして、全国の野良猫を６万７千匹も調べたという京都大学名誉教授・野澤謙さんのデータを紹介。それによれば尾曲りネコの割合は「東京（23区）＝40％／埼玉＝51％／神奈川＝45％」であるのに対して「大阪＝27％／京都＝18％／奈良＝18％」。このように東西のネコの尻尾の件は、実際に数えてみても正しいということがわかったのです。

本を出版してからの、こういった動きは、とても励みになり嬉しいもの。本書の中の話でも、気になる情報や取り上げたい話題がありましたら、ぜひお気軽にご連絡ください。

百人一首

全国

北海道

上の句から読み、紙の札を取るのが「全国の百人一首」

下の句だけを読み、木の札を取るのが「北海道の百人一首」

「百人一首」の遊び方といえば、上の句から読み、下の句が書かれた札を取るのが一般的。《秋の田の　仮庵《かりほ》の庵《いほ》の　苫《とま》をあらみ／わが衣手は　露にぬれつつ》という歌であれば、「秋の田の……」から読み始め「わがころもでは　つゆにぬれつつ」という下の句の札を取るわけだ。このように百人一首に強くなるためには、上の句と下の句をセットで覚えることが必要だが、北海道ではこの認識が当てはまらない。北海道の百人一首といえば「下の句かるた」と呼ばれるもので、読み手が読みあげるのは下の句だけ。そして、3人でチームとなって下の句が書かれた木の札を相手チームと取り合うのだ。この「下の句かるた」の起源については、会津若松が発祥で、明治以降に屯田兵が北海道に持ち込んだなどと諸説あるが、正確なことはわかっていない。

北海道の人は「坊主めくり」を知らない

「下の句かるた」の読み札には、上の句も書かれているが、読むのは下の句だけ。また読み札には、絵がなく文字だけなのも独特だ。全国的な百人一首の読み札には、歌の作者が描かれていて、これを「殿」「姫」「坊主」に見立て、「坊主めくり」をして遊ぶことが一般的。しかし下の句かるたの読み札には、絵が描かれていないため、北海道の人は坊主めくりを知らないという。

風鈴

高岡市

奥州市

岩手県

真鍮で作ったのが「高岡市の風鈴」

鉄で作ったのが「奥州市の風鈴」

「高岡市の風鈴」は、同地の伝統産業である「高岡銅器」の加工技術を用いた真鍮（銅と亜鉛の合金）製のもの。高岡銅器は、江戸時代初期、この地を治めた前田利長が7人の鋳物師《いもじ》を招いたことに始まったとされる。鋳物師とは、型に金属を流し込んで器などを作る職人のことで、彼らによって作られた鋳物《いもの》工場が現在の「高岡銅器」の源流となっている。「高岡銅器」は、全国各地の銅製品を多数手がけており、全国の名だたる梵鐘や銅像の多くも、この高岡で作られている。一方、「奥州市の風鈴」は、同地の伝統産業の「南部鉄器」の技術を用いて作られたもの。奥州市の南部鉄器は、平安時代の末期、奥州藤原氏の初代当主であった藤原清衡《ふじわらのきよひら》が、近江の国より鋳物師を招き多くの鉄製の仏具を作らせたことが始まりとされている。様々な素材から作られる風鈴からは、日本各地の産業を垣間見ることができるのだ。

澄んだ音色の風鈴を生み出す「能作」と「及春鋳造所」

「高岡市の風鈴」の撮影にご協力いただいたのは、同市の「株式会社 能作」。真鍮の風鈴は、職人が一つひとつ「ろくろ」で仕上げたもので、シンプルながらも洗練されたデザインが特徴。「奥州市の風鈴」の撮影にご協力いただいたのは、同市の「有限会社 及春鋳造所」。南部鉄器の風鈴作りでは、業界トップの生産力を誇り、フクロウなど面白いデザインの風鈴も多数手がけている。今回、風鈴の奥深さを知り、全国の風鈴が集まるという「風鈴祭り」にぜひ足を運んでみたいと思っています。

京都府

みたらし団子

東京都

1串に団子が4つなのが「東京都のみたらし団子」

1串に団子が5つなのが「京都府のみたらし団子」

京都府と東京都では、みたらし団子の数が異なり、京都府では1串に5つの団子が一般的。これは5つの団子が、頭と両手、両足を意味しており、これを人形《ひとがた》として神前に捧げたことに由来する。みたらし団子の発祥の店とされる「加茂みたらし茶屋」では、頭を示す1玉と手足を意味する4玉を分けているが、これはこの人形を意味しているからである。一方、東京では1串に4つが一般的だが、これは江戸期に作られた四文銭が原因とされる。このときまで団子1つが1文で、1串5つが5文で売られていた。しかし1串に5つだと四文銭で支払いづらいため、この「四文」に合わせる形で1串に4つになったという。

地元で愛される「旧二條 鳴海餅」と「伊勢屋 本店」

「京都府のみたらし団子」の撮影にご協力いただいたのは、京都市中京区にある「旧二條 鳴海餅」。団子、饅頭だけでなく赤飯や餅など幅広い商品で地元から愛されているお店で、自家製のこだわりあんこも豆から煮込んで作っておられます。「東京のみたらし団子」の撮影にご協力いただいたのは、東京都八王子市にある「伊勢屋 本店」。店頭のオブジェからもわかるようにみたらし団子は看板商品で、1本60円という安さ。店内にはお茶も飲めるイートインがあり、取材中もお客さんがひっきりなしに来られていました。今回取材して感じましたが、京都と東京のみたらし団子は味も違いますね。京都にくらべて東京のものは、醤油の辛味も感じます。ぜひ食べくらべてみてください。

県単位で語れない文化の違い

～ 全国文化圏マップを作りたい ～

テレビで「★県では★が常識」といった情報が紹介されると「こんなのねーよ」と、ちょっと怒り気味のネットの書き込みを見ることがあります。

私は、その情報自体が嘘であるとは思えないのですが、一定数「ないよ！」というツッコミが入る理由は、わかります。それは文化を「県単位」で語ることが、そもそも難しいからなのです。

「鯛めし」(P92) の解説でも言及しましたが、愛媛県は東側の「東予」、中央部の「中予」、西側の「南予」で文化が異なります。また「芋煮」(P28) で山形市のものは「牛肉＆醤油味」であるのに対して仙台市は「豚肉＆味噌味」であることを紹介しましたが、同じ山形県内でも、日本海側の鶴岡市や酒田市といった庄内地方では仙台市と同じ「豚肉＆味噌味」なのです。

このように同じ県内で文化が異なる理由は、今の県境というものが、文化を基準に引かれたものではないからです。そもそも現在の 47 都道府県になったのは、明治以降のこと。言うまでもなく、今の文化というものは、それ以前から連綿と受け継がれてきたものですから、現在の県境で文化がきっぱりと分かれるはずがないのです。ですから「★県では、★を食べる」と報じられると、「俺の周りではそんなことはない」という人が出てくる

写真は「今治焼き鳥」を焼いている様子。このように鉄板を使うようになったのは、今治市は造船業が盛んで、焼き台を作ったり、鉄板を入手したりすることが簡単だったことも理由のひとつとされている。写真右に映る「プレス」と呼ばれる重しで押して焼くことで「蒸し焼き」の効果がでるという。この焼き鳥は、愛媛県全体の文化ではなく、今治市独自の文化である。

のは、ある意味、当然のことなのです。

そこで「全国文化圏マップ」を作りたいと思いました。前述の愛媛県、山形県のように県内で文化圏が異なるところはたくさんあります。たとえば静岡県は、東部、中部、西部で分かれるといいますし、富山県などは県の中央にある呉羽《くれは》丘陵を境に東を呉東《ごとう》、西を呉西《ごせい》と呼び、ここを境に関東文化圏と関西文化圏に分かれるそうです。

また興味深いのが北海道です。北海道は、明治になってから、全国各地の人が渡っていきました。それゆえ北海道内に、全国各地の文化が分散しているはず。北海道内の文化地図を作ってみたら、とても面白いように思います。

何気に面白そうなのが東京です。上野や浅草界隈を「下町」といいますが、下町の明確な境界線というのはあるのでしょうか。また下町とその他を分ける文化って何？　興味は尽きません。

このような「文化圏」という視点に立った日本地図を作れば、違った目で日本を見ること、楽しむことができるはず。

この『くらべる日本 東西南北』の続編として、こういった同県内の文化差異もテーマにしてみたいなと思っています。

名字

西日本

東日本

佐藤・鈴木が多いのが「東日本の名字」

田中・山本が多いのが「西日本の名字」

日本人の名字には、ひとつの分布特徴があり、大雑把にいえば、田中・山本が西日本に多く、鈴木・佐藤が東日本に多い。田中は、田んぼに由来する名字だが、かつて温暖であった西日本で稲作が盛んだったことから当地に多い。山本も、山の麓という土地柄に由来する名字で、北陸、近畿、中国、四国地方に多い。一方、佐藤というのは、平安時代に貴族文化を築いた藤原氏の下級官僚クラスが名乗った名字で、彼らが大挙して当時の新天地であった東日本に赴いたことから当地に多い。鈴木は、紀伊半島の熊野で生まれた名字とされ、熊野信仰をする山伏によって全国に広まった。このなかで三河地方の鈴木一族が栄え、三河出身の徳川家康が江戸に拠点を構えると、これに付き従ったことから、関東に多いとされている。

「なかしま」が西日本「なかじま」が東日本の不思議

名字の読み方には、西日本には清音が多く、東日本には濁音が多いという傾向がある。たとえば「中島」の「なかしま／なかじま」、「山崎」の「やまさき／やまざき」、「浜崎」の「はまさき／はまざき」など。昔から関西では、清音の澄んだ響きが好まれたからなど諸説あるが、理由は定かではない。ただ「研究所」なども「けんきゅうしょ／けんきゅうじょ」と、西と東では別れるという。京都出身の私を思い返すと、たしかに昔の同級生は「やまさき」くんで、近くにあったのは「けんきゅうしょ」だった気がします。みなさんはどうでしょうか。

焼き鳥

今治市

東松山市

埼玉県

豚のカシラを使うのが「東松山市の焼き鳥（焼きとり）」

鳥の皮を鉄板で焼くのが「今治市の焼き鳥」

「焼き鳥」といえば、鶏肉を串に刺して焼いたものをイメージするのが一般的。しかし、「焼き鳥の町」として知られる愛媛県今治市と埼玉県東松山市では、そのようなイメージとは大きく異なったものが供されている。今治市の焼き鳥の大きな特徴は、鉄板で焼くこと。なかでも欠かせない部位が皮で、重しでプレスして蒸し焼きにすることで余分な脂を抜きパリっと香ばしく仕上げている。まずこの皮を注文して、最後に「せんざんき」と呼ばれる鶏の唐揚げで締めるのが今治流だ。一方、東松山市の焼き鳥（焼きとり）は、豚の内臓や肉を用いたもの。一番人気は、豚の首から上の肉の「カシラ」で、味噌だれにつけて食べるのが東松山流。味噌だれは各店において独自の味わいがあり、店の個性となっている。

焼き鳥の概念が変わる「焼き鳥まる屋」と「やきとり桂馬」

「今治市の焼き鳥」の撮影にご協力いただいたのは、同市の「焼き鳥まる屋」。定番の皮はもちろん、月見つくねの「つっきね」や肉詰めの椎茸なども大変美味しかったです。気さくな店員さんとのおしゃべりも楽しい、とてもリラックスできるお店でした。「東松山市の焼き鳥」の撮影にご協力いただいたのは、同市の「やきとり桂馬」。上品なたれとの相性が素晴らしいカシラ肉をはじめ、モツ煮込みなどどれも絶品。焼き鳥の概念が大きく変わった両名店、ぜひ足をお運びください。

おかべたかしの

居酒屋「東京」のメニューを考えてみた

　本書の取材では、東京にある郷土料理店やアンテナショップにずいぶんとお世話になりました。「ほんと東京には、なんでもあるなぁ」と思っていたとき、閃いたのです。

「もしかして、東京の郷土料理を出す店って、ないんじゃないの？」

　これは江戸前寿司とか、もんじゃ焼きの店ではないですよ。東京にある「北海道居酒屋」とかの東京版。たとえば「東京」なんて名前の居酒屋が、大阪にあったりする？　と思ってちょっと調べてみたら、やっぱりない（と思う）。これは大発見かもしれませんよ。「東京」をコンセプトにした居酒屋を東京以外のところに出せば、けっこうヒットするんじゃないでしょうか。

「コンセプトが東京なんて店に、面白いメニューあるの？」と思う人がいるかもしれませんが、こ

関東の居酒屋ではよく見る「梅水晶」も、関西では珍しいのだとか。サメの軟骨のコリコリ感が楽しいのです。

「レバーフライ」は、新鮮な豚レバーを薄くスライスしてフライにしたもの。東京の月島や佃などの地域で愛好されている。

関東のいなり寿司は俵型をしている。関西は三角だ。

れはあります。大ありなのです。

　以前、関西の友人と東京の居酒屋に行ったとき「ホッピーを飲んだことがない」というのです。

「ホッピーセットを頼むと、焼酎が入ったグラスとホッピーが出てくるから、ホッピーで割って飲むの。それで焼酎がなくなったら『中、お代わり』って頼むと焼酎だけ入れてくれるから」

　このように教えてあげると、実に楽しそうに飲んでいる。その友人は、メニューにあった「梅水晶」も知らないといいます。梅水晶は、サメの軟骨に梅肉を和えたもので、関東の酒場ではわりと定番ですが、関西ではあまり見かけないのだとか。

　ホッピーにしても梅水晶にしても「関西にない」というわけではありませんが、東京ほどに馴染みはない。こういったものも含めれば、充分に居酒屋「東京」は、成り立つはず。

そこで東京の酒好きのみなさんにどんなメニューがいいか聞くと、いろんなものを教えてくれました。

「関東の白いネギは、関西では珍しいでしょう。このネギとマグロを合わせて『ねぎま鍋』を小鍋で出すとか」


江戸の名物「ねぎま鍋」は、千住ねぎと合わせるのが定番だったようなので、これを焼いた一品も出しましょう。そしてマグロは赤身を刺身で出したいですね。酢で〆たコハダもいいですね。

「焼き海苔を箱に入れて出したら？」


東京の粋な蕎麦屋の焼き海苔は、パリッとした食感を楽しんでもらうために、焚いた炭を中に入れた箱で供されるのですが、これが実に渋い。これで提供すれば、きっと珍しがって喜ばれることでしょう。蕎麦屋といえば、「串に刺さない焼き鳥」もいいですね。みりんがしっかり効いた一品で、なかなか東京らしいと思うのです。

「小松菜って、東京の野菜ですよね。あと、うどとか」


小松菜は、その名前を東京都江戸川区の「小松川」という地名から採ったといわれる東京野菜のひとつ。「うどの大木」で知られる「うど」も、東京の立川市などで盛んに栽培されています。有名な練馬大根も、東京漬物とされる「べったら漬け」で出しましょう。

「煮物はどうですかね。東京らしくちょっと黒い見た目で」

「肉じゃがも、関東と関西で違いますよね。大阪は牛肉でしょうから、東京風の豚肉を使った肉じゃがは、面白がられるんじゃないですか」


この「面白がる」って発想いいですよね。ひと昔前なら「黒い汁のうどんなんて食べられへん」と、東京文化に拒絶反応を示す人が大半だったように思うのですが、昨今はこの違いを楽しむ人が増えているように感じます。きっと関東の肉じゃがも面白がってもらえるのではないでしょうか。

「やっぱり、ちくわぶは欠かせないのでは」

ちくわぶは、小麦粉の練り物で、関東おでんの定番ながら、関西ではほとんど見かけない一品。ぜひメニューに取り入れましょう。

あとは、締めの一品に、私の大好物のコロッケ蕎麦と東京を代表するふりかけ「錦松梅」を使ったおにぎり。俵型のいなり寿司もいいですね。甘味に「すあま」と東京のぜんざいなども入れておきましょう。

こうしていろんな意見を参考にした居酒屋「東京」のお品書きが完成しました。改めて見ると、ちゃんと東京にも地方色があることがわかります。「東京にはなんでもある」という色眼鏡を外し、「東京にしかないもの」を探すと、なかなか楽しいものです。

さて居酒屋「東京」ですが、メラメラと実際に味わってみたい欲が湧いてきました。１日だけの限定オープンでもいいので、ご協力いただけるお店がございましたらぜひご連絡ください！

居酒屋「東京」お品書き

<食べ物>

まぐろ刺身（赤身）	500円	下町レバーフライ	500円
メコハダ	500円	煮込み	400円
ねぎまの小鍋	700円	ちくわぶ入りおでん盛	500円
千住ねぎ焼き	400円	串に刺さない焼き鳥	500円
うどのぬた	400円	錦松梅おにぎり（２個）	500円
梅水晶	400円	俵型いなり寿司（２個）	500円
小松菜のおひたし	400円	かんぴょう巻	500円
練馬大根のべったら漬け	400円	漬けマグロの茶漬け	500円
佃島産あさりの佃煮	500円	かけ蕎麦	400円
焼き海苔（炭箱提供）	400円	コロッケ蕎麦	500円
東京風根菜の煮物	500円	すあま（甘味）	300円
東京風肉じゃが	600円	東京ぜんざい（甘味）	500円

<飲み物>

エビスビール　中瓶	500円	ハイサワーレモン	400円
キンミヤ	400円	電気ブラン	400円
ホッピーセット（白・黒）	400円	日本酒（澤乃井）純米	500円
ホイス	400円	日本酒（嘉泉）純米	500円
バイス	400円	東京狭山茶（温・冷）	300円

＊値付けに深い意味はありません。「これくらいの値段だったらいいなぁ」という願望で、実際にこの値段で提供できるのかはどうかは定かじゃありませんよ。

関西

わらび餅

関東

きなこに黒蜜を添えて売られているのが「関東のわらび餅」

きなこだけで売られているのが「関西のわらび餅」

和菓子の定番「わらび餅」は、関東では黒蜜を添えて売られているのが一般的。関西では、あまり見られない供し方なのだが、なぜこのような違いが生まれたのだろうか。「黒蜜なしでも十分美味しいのですが、求める方がおられるので付けています。信玄餅と混同されておられる方もいるのではないでしょうか」。こう話してくださったのは、「いがまんじゅう」（P10）の取材でお世話になった埼玉県鴻巣市の「木村屋製菓舗」のご主人。「信玄餅」とは、山梨県の銘菓で、米粉で作られた餅にきな粉がまぶされており、これに黒蜜をかけて食べるのが定番。わらび餅も、同じようにきな粉がまぶされているため、信玄餅と同じように食べると思った人が黒蜜を求めるようになって定着したのかもしれない。

肉まんにカラシをつけるのは「関西」だけ？

「わらび餅」のように「何をつけて食べるか」の関東と関西のちがいには、肉まん（関西での「豚まん」）における「カラシ」がある。関西では肉まんにカラシをつけるのが一般的だが、関東にはない風習。なお九州では、酢醤油を付けて食べるのが一般的であるという。

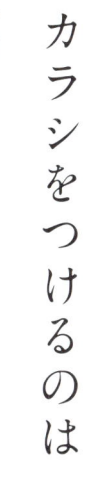

Another photo column

写真で振り返る取材こぼれ話

最初の撮影は、昨年の10月に山形市の馬見ヶ崎川の河原で行った「芋煮」。山形県には、本書のデザインを担当してくださっているサトウミユキさんがいるので、山形式と仙台式の2種類の芋煮を味わう「芋煮会」を開催してもらい、そこに参加させてもらう形で撮影をしました。かわいいちびっ子たちも参加してくれてありがとね。

山形での「芋煮」撮影後、東京に戻る途中に撮影したのが、「仙台大観音」。想像以上に市街地と近く、なんだかとても大きく感じます。一方、日を改めて行った「牛久大仏」は、森や田畑に囲まれた周囲の風景と思いのほか馴染んでいるせいか、さほど大きく感じません。インパクトでは仙台の圧勝でした。

今回の撮影では、美味しいお店にたくさん行きました。その中のひとつが埼玉県東松山市にある「やきとり桂馬」さん。この焼き上がる前のカシラの美しさからも、お店の丁寧な仕事ぶりが伝わるのではないでしょうか。写真右は、こちらも同店の名物「もつ煮込み」。実は隣席させていただいた歌手の方にご馳走していただいたのでした。ありがとうございました！

「ダムカレー」の撮影で向かったのが、東京の奥多摩町にある「小河内ダム」。ダムをこれほど間近で見学するのは初めてだったのですが、壮大でいいものですね。ダムマニアの気持ちがよくわかりました。それにしてもダムの形に応じて、各々が独自の「ダムカレー」を提供しようというアイデアは秀逸。発案した人、スゴイと思います。

Another photo column

「犬」の撮影は「日本犬保存会」の展覧会にお邪魔して行いました。飼い主さんに「写真、いいですか？」と声をかけると、みなさん「ぜひぜひ！」と、とても喜んでくださるので、こちらもスカウトするのが楽しかったです。山出カメラマンが、芝生に寝転んで撮った写真の数々も素晴らしい出来栄えでした。

５月に行った遠征は、愛媛県の松山から今治、香川県の丸亀を経由して、大阪、京都、滋賀と巡った２泊３日。初日は、飛行機で松山入りして市内を撮影したのですが、このとき役立ったのが路面電車。便利なだけでなく、レトロな雰囲気がとてもいいのです。

あのアニメ映画に
出てきそうな
フンイキ…!!

取材の合間、路面電車で向かったのが夏目漱石も通ったという道後温泉。次の取材まで40分ほどしかなかったのですが、「ここまできたら入っていこう」と、お茶菓子付きの入浴券を買ってさっと入浴。気持ちいい！　松山市は、歴史が上手に街に溶け込んでいるのが素晴らしかったです。

うどんだけじゃ
なかった!!

「石垣の名城」と知って撮影に赴いたのが、香川県丸亀市にある「丸亀城」。この城が、素晴らしかった。今まで見た城のなかでいちばん良かったと言い切ってもいいでしょう。ご覧のように石垣の遠景もいいですし「現存12天守」のひとつに数えられる天守も味わい深い。ぜひ行ってみてください。

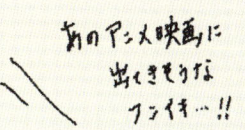

文・おかべたかし

『日本説話伝説大事典』(志村有弘、諏訪春雄・編／勉誠出版）という本を見ていると『わらしべ長者』という昔話には、「観音祈願型」と「三年味噌型」という２つの話があると書いてありました。前者は、観音様の夢のお告げにしたがって、拾ったわらをあぶ、果物、布、馬、田んぼに変えていくというもの。後者は、大金持ちから「三本のわらを千両にできたら娘の婿養子にしてやる」といわれた若者が、わらを蓮の葉、味噌玉、刀、千両へと変化させていく話だそうです。この「味噌型」などまったくの初耳だったのですが、沖縄県の宜野湾市、鹿児島市、香川県高松市、岩手県花巻市、青森県黒石市などで語り継がれていると書かれています。以前、節分に落花生をまく地域として北海道、東北の他、宮崎、鹿児島もそうだという話を知ったときも驚いたのですが、この九州と遠く離れた東北に共通項が見られることの不思議さのなんと魅力的なことでしょう。本書の中でも書きましたが、今「わからないこと」が面白い。『くらべる東西』から始まった日本の文化比較企画ですが、ますます関心が高まっています。

さて本書は『目でみることば』シリーズ第11弾となりました。取材でご協力いただいたみなさん、ありがとうございました。仕事で全国各地に旅に出かけられる幸せも感じられたいい作品となりました。山出カメラマン、デザイナーのサトウミユキさんとともに、またよりよき本を作っていきたいと思いますので、今後ともよろしくお願いします。

長年気になっていた「いがまんじゅう」を取り上げ、日野町と鴻巣市の写真を並べられ非常に満足している。さらにコラムで三河「いがまんじゅう」、金沢「いがら万頭」の写真を掲載でき夢のようだ。三河で「いがまんじゅう」を撮ったのが2011年なので、実に足掛け８年の大仕事となった。コラムで紹介した山形県の蔵王温泉や呉市以外にも、全国には「いがまんじゅう」の仲間がまだまだありそうで研究対象は尽きそうにない。いつか『くらべるいがまんじゅう』でより詳しくお伝えしたいが、東京書籍の藤田様、企画は通りますでしょうか？

もう１つのコラムネタ「醤油」も岩手県釜石がいちばん甘いという意外な結果となった。全国には甘いだけでなく、まだまた個性的な醤油がありそうだ。今回の味くらべで、関西方面の薄口醤油をラインナップに加えなかったのが悔やまれる。こちらも刊行が待たれる『くらべる醤油』では、「出汁醤油」や「魚醤」までも網羅した、溜まり醤油並に濃ゆい内容でお伝えしたいが、微妙な味の違いを伝えるボキャブラリーに乏しいので、写真撮影に徹し、編集執筆はいつも以上に、おかべさんにお任せしたいと思います（笑）。

２つの物をくらべることで、それぞれの魅力に気づける楽しい１冊になったと思っています。美しいデザインで仕上げてくれたデザイナーのサトウさんの、くらべようのない仕事っぷりに感謝して「おわりに」とさせていただきます。いつもの４人でお届けできたことと、取材に協力して下さった方々にも感謝です。

写真・山出高士

撮影協力　＊敬称略

石松餃子
伊勢屋 本店
大阪屋
かぎや菓子舗
カゴアミドリ
カタクリの花
歌舞伎町 つるかめ食堂
株式会社 神宗
株式会社 錦松梅
株式会社 廣榮堂
株式会社 能作
株式会社 まるへい
丸水 松山店
キッチンフライパン
木村屋製菓舗
旧二條 鳴海餅
協同組合 宇都宮餃子会
キンボシ株式会社
公益社団法人日本犬保存会東京支部
高知新聞社
shiokara
泰興楼八重洲本店
大寅蒲鉾株式会社
谷田製菓株式会社
多摩動物公園
千歳山こんにゃく店
定食専門店 いててや
東華菜館
中島曜子
二代目福治郎
乃利松食品 吉井商店
ふくい軒
本家 磯田
松山鯛めし 秋嘉
丸う田代
やきとり桂馬
焼き鳥まる屋
有限会社 及春鋳造所
旅館たにがわ

主要参考文献

『カゴアミドリのかごの本』
（伊藤征一郎、伊藤朝子・著／マイナビ）

『醤油手帖』
（杉村啓・著／河出書房新社）

『調べる！ 47 都道府県 生産と消費で見る日本』
（こどもくらぶ・編／同友館）

『図解雑学 こんなに面白い民俗学』
（八木透、政岡伸洋・編著／ナツメ社）

『大辞林』
（iPhone アプリ／物書堂）

『東北のテマヒマ』
（21_21 DESIGN SIGHT・著／マガジンハウス）

『なぜ「田中さん」は西日本に多いのか』
（小林明／日経プレミアシリーズ）

『なぞのアジア納豆 そして帰ってきた＜日本納豆＞』
（高野秀行・著／新潮社）

『日本人の暮らし大発見！1 食のひみつ』
（新谷尚紀・著／学研プラス）

『日本説話伝説大事典』
（志村有弘、諏訪春雄・編／勉誠出版）

『にっぽんの基礎知識 諸国名物地図』
（市川健夫・監修／東京書籍）

『晴れた日は巨大仏を見に』
（宮田珠己／幻冬舎文庫）

『方言の絵事典』
（真田信治・監修／PHP研究所）

『もう一度学びたい日本の城』
（中山良昭・著／西東社）

『モグラ博士のモグラの話』
（川田伸一郎・著／岩波ジュニア新書）

『読む・知る・愉しむ 民俗学がわかる事典』
（新谷尚紀・編著／日本実業出版）

おかべたかし
（岡部敬史）

1972年京都府生まれ。早稲田大学第一文学部卒。出版社勤務後、ライター・著述家・編集者として活動。著書に『くらべる世界』『くらべる時代 昭和と平成』『くらべる東西』『目でみることば』『似ていることば』（東京書籍）、『基礎教養 日本史の英雄』（扶桑社）、『風雲児たちガイドブック解体新書』（リイド社）などがある。個人ブログ「おかべたかしの編集記」。連絡はこちらのメール（spoonbooks-to@yahoo.co.jp）までお願いします。

山出高士
（やまでたかし）

1970年三重県生まれ。梅田雅揚氏に師事後、1995年よりフリーランスカメラマン。『散歩の達人』（交通新聞社）、『週刊SPA!』（扶桑社）などの雑誌媒体のほか「川崎大師」のポスターも手がける。2007年より小さなスタジオ「ガマスタ」を構え活動中。著書に『くらべる世界』『くらべる時代 昭和と平成』『くらべる東西』『目でみることば』『似ていることば』（東京書籍）などがある。『人生が変わる！ 特選 昆虫料理50』（木谷美咲、内山昭一・著／山と溪谷社）、『もにゅキャラ巡礼』（楠見清、南信長・著／扶桑社）でも写真を担当。

くらべる日本《にほん》 東西南北《とうざいなんぼく》

2018年8月8日　第1刷　発行

おかべたかし・文
山《やま》出《で》高《たか》士《し》・写真

発行者　千石雅仁
発行所　東京書籍株式会社
〒114-8524 東京都北区堀船2-17-1
03-5390-7531（営業）
03-5390-7500（編集）

デザイン　サトウミユキ（keekuu design labo）
編集協力　（有）SPOON BOOKS

印刷・製本　株式会社リーブルテック

ISBN978-4-487-81128-1 C0025

出版情報　https://www.tokyo-shoseki.co.jp
乱丁・落丁の場合はお取り替えいたします。